时代华商
物业管理
策划中心

组织编写

智慧物业管理与服务系列

物业安全管理与应急预案

治安·消防·车辆管理

全国百佳图书出版单位

化学工业出版社

·北京·

内容简介

《物业安全管理与应急预案：治安·消防·车辆管理》一书由物业治安管理（构建安全防范体系、物业区域出入管理和物业巡逻管理），物业消防管理（构建消防安全体系、进行消防安全宣传和开展消防安全检查），物业车辆管理（建立智慧车辆管理系统和停车场管理）和物业应急管理（建立应急管理系统、物业服务危险源辨识与控制和物业应急预案的编制与实施）11章内容组成。

本书采用图文解读的方式，让读者在轻松阅读中了解物业管理与服务的要领并学以致用。本书尽量做到去理论化，注重实操性，以精确、简洁的方式描述重要知识点，满足读者希望快速掌握物业管理相关知识的需求。

本书可作为物业公司基层培训的教材，物业公司也可运用本书内容，结合所管辖物业的实际情况，制定有本公司特色的物业服务工作标准。

图书在版编目（CIP）数据

物业安全管理与应急预案：治安·消防·车辆管理/时代华商物业管理策划中心组织编写．—北京：化学工业出版社，2022.9（2023.9重印）
（智慧物业管理与服务系列）
ISBN 978-7-122-41662-9

Ⅰ．①物…　Ⅱ．①时…　Ⅲ．①物业管理-安全管理
Ⅳ．①F293.347

中国版本图书馆CIP数据核字（2022）第100347号

责任编辑：陈　蕾　　　　　　　　装帧设计：溢思视觉设计
责任校对：张茜越　　　　　　　　　　　　　E-mail: isstudio@126.com

出版发行：化学工业出版社（北京市东城区青年湖南街13号　邮政编码100011）
印　　装：天津盛通数码科技有限公司
710mm×1000mm　1/16　印张12　字数157千字
2023年9月北京第1版第3次印刷

购书咨询：010-64518888　　　　　　售后服务：010-64518899
网　　址：http://www.cip.com.cn
凡购买本书，如有缺损质量问题，本社销售中心负责调换。

定　　价：59.80元　　　　　　　　　　　版权所有　违者必究

前言

Preface

　　随着城市化进程的不断加快与深入，居民社区、写字楼、大型商场、公共基础服务设施、工业园区、学校、医院、景区等都对物业管理这一行业有着极大的需求。但是，针对不同等级的物业标准又对物业管理的要求提出了相应的规范，而现代高水平的物业管理正有推向智能化发展的趋势，打造一个便捷、舒适、高效、智能的物业管理氛围是现代物业管理不断向前发展的探索目标。

　　目前，物业管理行业不仅需要强化各项信息化手段在现代物业管理中的应用力度，还应促使现代物业管理向着智能化方向发展。具体要求要突出现代物业管理的智能化内涵，满足现代化社区对物业管理的要求，为居民提供更加智能化、人性化的服务，推动物业服务高质量发展。

　　2020年，住房和城乡建设部、工业和信息化部、国家市场监督管理总局等6部门联合印发的《关于推动物业服务企业加快发展线上线下生活服务的意见》中明确指出，要推进物业管理智能化，强调推动设施设备管理智能化。在物业管理行业逐渐进入泛智慧化的新阶段，设施设备作为物业管理领域中的重点和难点，同时也是融合新技术进行价值赋能最好的试验田，成为各物业公司的"必争之地"，其中以建筑智能化为抓手进行数字化转型已成为发展智慧物业的主要落脚点之一。

智慧物业借助智慧城市、智慧社区起步发展，正逐步实现数字化、智慧化。智慧停车、智慧安防、智慧抄表、智能门禁、智能会议等智能化应用，在一定程度上提高了物业管理企业的态势感知、科学决策、风险防范能力，在激烈的市场竞争中为降本增效提供了充分的技术保障，进而增强企业的数字化治理能力。数字化治理是新时代下智慧物业管理应用的鲜明特征，将引领物业管理行业管理方式的深刻变革，推动面向建筑智能化的智慧物业应用迈向新高度。

现代物业管理既是机遇又是挑战，因此，物业服务企业要重视各类专业的智能化管理技术，从劳动密集型向技术密集型转变，不断学习更新管理服务技术，紧跟科技潮流，向着更广阔的发展前景迈进。

基于此，我们组织相关职业院校物业服务专业的老师和房地产物业咨询机构的老师联合编写了本书。

《物业安全管理与应急预案：治安·消防·车辆管理》一书由物业治安管理（构建安全防范体系、物业区域出入管理和物业巡逻管理）、物业消防管理（构建消防安全体系、进行消防安全宣传和开展消防安全检查）、物业车辆管理（建立智慧车辆管理系统和停车场管理）和物业应急管理（建立应急管理系统、物业服务危险源辨识与控制和物业应急预案的编制与实施）11章内容组成，可为物业管理者提供参考。

　　本书在编写过程中引用的范本和案例，大都来自知名物业企业，但范本和案例是为了解读物业服务企业标准化实操的参考和示范性说明，概不构成任何广告。

　　由于编者水平有限，加之时间仓促、参考资料有限，书中难免出现疏漏，敬请读者批评指正。

编　者

目录

Contents

第二部分

55

物业消防管理

第三部分

105

物业车辆管理

第四部分

129

物业应急管理

第十章 物业服务危险源 辨识与控制

第十一章 物业应急预案的 编制与实施

第一部分
Part one

物业治安管理

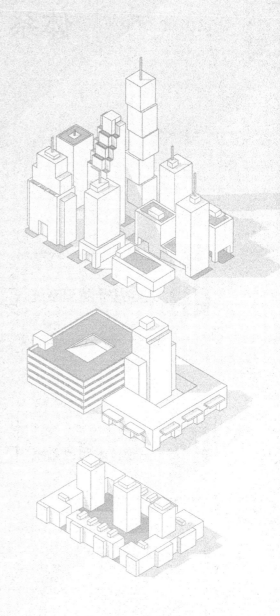

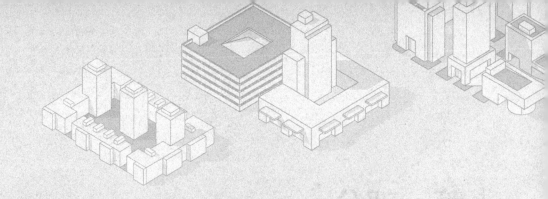

第一章 | 构建安全防范
Chapter one | 体系

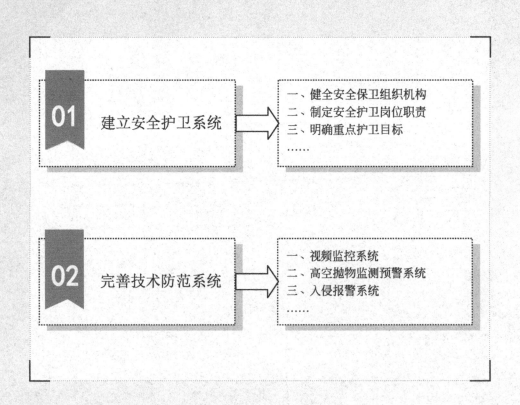

01 建立安全护卫系统
→
一、健全安全保卫组织机构
二、制定安全护卫岗位职责
三、明确重点护卫目标
……

02 完善技术防范系统
→
一、视频监控系统
二、高空抛物监测预警系统
三、入侵报警系统
……

第一节　建立安全护卫系统

物业安全管理指物业服务企业采取各种措施、手段，保证业主和业主使用人的人身、财产安全，维持正常生活和工作秩序的一种管理行为，这也是物业管理工作最基础的工作之一。为了做好这项基础工作，就必须建立完善的安全护卫系统。

一、健全安全保卫组织机构

要确保物业安全，物业服务企业必须设置一个安全保卫组织机构，这机构的名字在不同的公司有不同的叫法，有的叫保安部，有的叫护卫部，也有的叫安全部，这都不重要，重要的是一定要有这么一个机构。

由于物业的安全保卫是24小时服务，所以，必须考虑保安班组的设置。保卫机构的班组设置与其所管理物业的类型、规模有关，通常，物业面积越大、物业类型及配套设施越多，班组设置也就越多、越复杂。其中安全巡逻班根据监视区域责任可划分为多个班组，而每个班组又可根据24小时值班的需要，安排3～4个人员轮换班。

下面提供一份××物业公司安全部组织架构的范本，仅供参考。

■ 范本

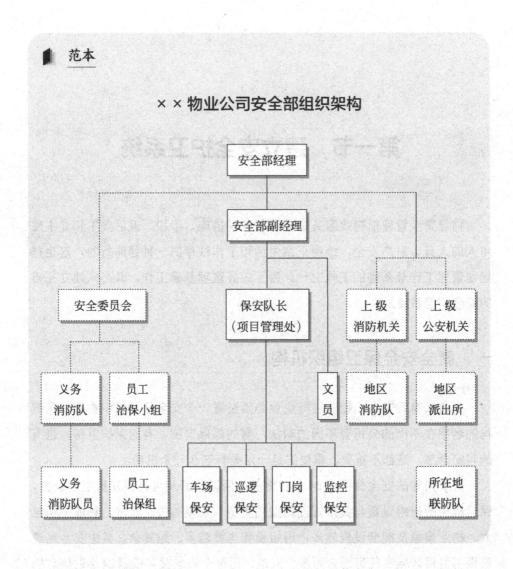

××物业公司安全部组织架构

二、制定安全护卫岗位职责

物业服务企业应根据企业的规模和所管辖物业的实际情况，制定和完善各项安全护卫岗位职责，明确责任，合理监督。

下面提供一个常用安全护卫岗岗位职责的范本，仅供参考。

📖 **范本**

常用安全护卫岗岗位的职责

1.安全部经理职责

（1）对本公司管理的物业范围内的安全负有领导上的具体责任。

（2）制定安全部的工作计划和目标，并具体组织实施。

（3）主持本部门例会，传达贯彻总经理及上级主管部门的指示。

（4）参与对重大案件、事故的调查、处理。

（5）督导检查各管理处的安全护卫工作，发现问题及时处理或向公司主管领导汇报。

（6）制定年度护卫员教育、培训和考核计划，并抓好贯彻实施。

（7）负责制定新接物业安全护卫工作方案，并协助组织实施。

（8）负责完成公司领导交办的其他事项。

2.保安队长职责

（1）主持本班工作，坚决执行管理处主任和安全护卫主管指令，带领和督导全班人员履行岗位职责，认真做好安全护卫工作。

（2）负责主持召开班务会，及时传达上级指示和护卫班长例会精神，研究提出贯彻意见，并具体组织落实。

（3）负责本班人员的考勤，如实记载本班执勤中遇到和处理过的问题，重大问题要及时向主管领导请示报告。

（4）负责协调本班与其他班组之间的工作关系和本班人员之间的关系。

（5）爱岗敬业，遵纪守法，严于律己，以身作则，发挥模范带头作用。

（6）熟悉护卫各岗位工作职责、任务和程序，掌握管理区域内治安护卫工作的规律及特点。

（7）对因管理不力而造成本班在执勤中发生的重大失误，或本班人员出现严重违法违纪的情况负责。

（8）负责抓好全班的训练工作。

（9）负责处理本班执勤过程中遇到的一般性问题。

（10）认真做好值班记录，严格执行交接班制度，做到交接清楚，责任明确。

3.巡逻岗岗位职责

（1）监视管区内的人员、车辆活动情况，维护管区内秩序，防止发生事故。

（2）巡查、登记公共部位设施、设备完好情况。

（3）对管区内的可疑人员、物品进行盘问、检查。

（4）制止管区内发生的打架、滋扰事件。

（5）驱赶管区内的摆卖、乞讨、散发广告等闲杂人员。

（6）每班巡楼一至两次，对楼内的闲杂人员进行盘问或驱赶，对业主（住户）违反管理规定影响他人工作、休息的行为要进行劝阻和制止。

（7）检查、看管好停放在管区内的车辆，防止丢失或损坏。

（8）指挥机动车辆按规定行驶和停泊，保证消防通道畅通，防止发生交通事故。

（9）负责火警、匪警的验证和处置。

（10）回答访客的咨询，必要时为其导向。

（11）巡查护卫各岗位执勤情况，协助处理疑难问题。

三、明确重点护卫目标

物业服务企业必须对所辖物业区域的重点护卫目标非常熟悉，并要对其记录在案，且在护卫员培训工作中要再三强调，让所有护卫员都做到心中有数；同时要合理地安排门卫、守护和巡逻来实施护卫，其具体要点如表1-1所示。

表1-1 门卫、守护和巡逻的工作安排要点

序号	方面	要求
1	门卫	（1）一般设置在小区的进出口处 （2）负责门卫的保安人员的主要职责是：严格控制人员和车辆进出，对来访人员实行验证登记制度；对携带物品外出实行检查制度，防止财物流失，并维护附近区域秩序；防止有碍安全和有伤风雅事件的发生 （3）门卫应实行24小时值班制
2	守护	（1）对特定（或重要）目标实行实地看护和守卫活动。如一些重点单位、商场、银行、证交所、消防与闭路电视监控中心、发电机房、总配电室、地下车库等 （2）安排守护人员时，应根据守护目标的范围、特点及周围环境，确定适当数量的哨位 （3）要求守护哨位的护卫员事先熟悉下列事项：守护目标的情况、性质特点；周围治安情况和守护方面的有利、不利条件；有关制度、规定及准许出入的手续和证件；哨位周围的地形及设施情况；电闸、消火栓、灭火器等安全设备的位置、性能和使用方法及各种报警系统的使用方法等
3	巡逻	在一定区域内有计划地巡回观察以确保该区域的安全： （1）巡逻的目的，一是发现和排除各种不安全的因素，如门窗未关好、各种设施设备故障和灾害隐患、值班、守护不到或不认真等；二是及时处理各种违法犯罪行为 （2）巡逻路线，一般可分为往返式、交叉式、循环式三种，无论采用何种方式都不宜固定。实际运用中上述三种方式也可交叉使用，这样既便于实现全方位巡逻，又可防止坏人找到规律 （3）在安排巡逻路线时，一定要把重点、要害部位及多发、易发案地区放在巡逻路线上。这样便于加强对重点、要害部位的保卫，从而有效地打击犯罪分子

四、做好群防群治工作

1.密切联系辖区内用户，做好群防群治工作

物业治安管理是一项综合的系统工程，通常物业服务企业只负责所管理物业公共地方的安全工作。要保证物业的安全使用和用户的人身财产安全，

仅靠物业服务企业的保安力量是不够的，而必须把辖区内的用户发动起来，从而强化用户的安全防范意识，并要建立各种内部安全防范措施。

2.与周边单位建立联防联保制度

与物业周边单位建立联防联保制度，与物业所在地公安机关建立良好的工作关系。

第二节 完善技术防范系统

小区的安全技术防范，是指利用现代科学技术，通过采用各种安全技术的器材设备，达到居民小区防入侵、防盗、防破坏等目的，保证小区居民人身及生命财产安全的综合性多功能防范系统。

一、视频监控系统

视频监控系统是一种计算机控制的图像矩阵交换系统，是安全技术防范体系中的一个重要组成部分，是一种先进的、防范能力极强的综合系统，利用系统控制台，操作人员可以选取各种摄像机，将其图像显示在所用的图像监视器上，同时进行录像。系统可以自动地管理外部报警信号，可以由选定的监视器依照程序进行显示。系统能够监视摄像机的图像信号电平，如果摄像机出现故障，系统会及时做出报警反应并记录下故障。系统外的其他智能建筑子系统的设备，例如防盗报警系统、门禁管理系统、消防系统，可以通过系统辅助通信接口进行联动控制。

视频监控系统对于人们无法直接观察的场合，能实时、形象、真实地反映被监视控制对象的画面，并已成为人们在现代化管理中监控的一种极为有效的观察工具。由于它具有只要少量工作人员在控制中心操作就可观察许多区域（甚至是远距离区域）的独特功能，被认为是保安工作的有效帮手。

1.视频监控系统的功能

视频监控系统主要用于对小区主要道路、活动区域、电梯、楼梯间、候梯厅、停车场等特点位置进行现场视频实时监控，同时与周界报警系统进行联动，如图1-1所示。

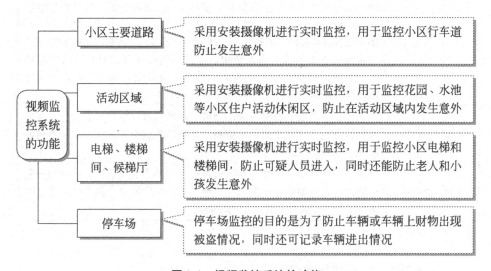

图1-1 视频监控系统的功能

2.视频监控系统的组成

视频监控系统组成包括有前端采集、传输、控制、显示、记录五个部分，各个部分之间环环相扣，形成一个完整的监控防护系统，如表1-2所示。

表1-2 视频监控系统的组成

序号	组成部分	具体说明
1	前端采集部分	前端采集部分多由一台或多台摄像机及红外灯、声音采集设备、防护罩等组成，主要是为了采集画面、声音、报警信息和状态信息。摄像机录制了画面之后，传输到监控系统中，并可以实现镜头的拉近、推远、变焦控制等，解码器作为控制镜头和云台的重要设备，可以在监控台通过电脑来控制镜头的移动

续表

序号	组成部分	具体说明
2	传输部分	视频监控系统中的传输过程是指利用光纤、双绞线、无线网络等传输、控制指令和状态信息。传输部分根据输送的类型不同，分为数字信号和模拟信号
3	控制部分	控制部分是整个系统的"心脏"和"大脑"，是实现整个系统功能的指挥中心。控制部分主要由总控制台（有些系统还设有副控制台）组成。总控制台中主要的功能有：视频信号放大与分配、图像信号的矫正与补偿、图像信号的切换、图像信号（或包括声音信号）的记录、摄像机及其辅助部件（如镜头、云台、防护罩等）的控制（遥控）等 在现代的新型数字化系统中，监控系统与计算机最新技术相互结合，控制部分拥有了更为强大的功能，可以设置管理权限、控制区域、掌控网络、带宽控制等，成为了更为强大的安保系统
4	显示部分	显示部分主要负责将得到的视频、音频信号在终端设备输出。终端显示设备经过了几个时代的更新，从最早的监视器、液晶监视器到投影仪、LED拼接屏等
5	记录部分	这部分主要保证图像等数据最终被完好的存储并归档。记录部分采用的设备包括硬盘录像机、网络硬盘录像机和网络存储等，小型监控系统与大中型监控系统采用的设备各有不同

二、高空抛物监测预警系统

高空抛物状况被称作"悬在大城市空中的痛"，在一些情景下，它比乱丢垃圾更严重。高空抛物现象严重影响居民的生活环境甚至威胁人民生命安全。

高空抛物大致分成两大类：一是"潜意识"高空坠物，主要是建筑外墙附着物、广告牌等陡然掉落，或是住宅楼上窗户玻璃、盆栽植物等坠落；二是"有目的"高空抛物，即高层住户随手丢弃物品。

❓ **小提示**

高空抛物很有可能涉及违法犯罪，在于高空抛物者的主观性故意水平，及其导致的具体危害。

对于"潜意识"高空坠物，这类状况多因为设备年久，或外力作用不小心而为之。传统式防护措施是物业管理人员进入居民家里对窗子开展逐一清查。可是，因为窗子归属于居民合法财产，物业管理人员无法过多干预，执行难度较大，更何况许多住宅小区压根就没有健全的物业管理。传统式的安防监控系统也是靠人力资源后台管理鉴别，难以保证风险性预测分析，它是传统智能安防中的潜在风险之一。

伴随着人工智能技术算率及优化算法的高速发展趋势，高空抛物智能监测系统选用AI视觉神经互联网的剖析优化算法，依据"潜意识"跌落物会出现跌落的发展趋势，以跌落物为运动连接点，运用超清智能摄录，根据后台管理数据分析测算，进而分辨出跌落物的轨迹，系统软件设置的变量值，鉴别出跌落物的运动轨迹，并根据后台管理预警信息，进而做到防护和提早预测的目的。

对于"有目的"的高空抛物，高空抛物监测预警系统中所有摄像头24小时进行监控，物业的相关负责人可以和系统设备进行绑定，在摄像机的侦测区域内，一旦发生高空抛物，可对已绑定的工作人员发出通知告警。相关人员就可对该事件进行处理，同时进行取证留存，便于事件处理。同时，可提供接口，供执法部门进行数据调用，如图1-2所示。

图1-2 对小区内高空抛物进行监测

比如，系统根据AI算法智能且精准地计算出抛物地点、并且能主动抓拍检测、自动现场取证，集中展示和实时预警，并在此基础上形成"公安-社区-物管"三方联动机制。高清的抓拍系统能清楚地记录抛物点和抛物，即使没有人员伤害也能在后台了解到谁有这种不良习惯，方便上门规劝教育，主动减少高空抛物现象的产生。

三、入侵报警系统

入侵报警系统Intruder Alarm System（IAS）是指利用传感器技术和电子信息技术探测并指示非法进入或试图非法进入设防区域的行为、处理报警信息、发出报警信息的电子系统或网络。

入侵报警系统就是用探测器对建筑内外重要地点和区域进行布防。它可以及时探测非法入侵，并且在探测到有非法入侵时，及时向有关人员示警。

比如，门磁开关、玻璃破碎报警器等可有效探测外来的入侵，红外探测器可感知人员在楼内的活动等。一旦发生入侵行为，能及时记录入侵的时间、地点，同时通过报警设备发出报警信号。

1.入侵报警系统的基本组成

入侵报警系统负责为建筑物内外各个点、线、面和区域提供巡查报警服务，它通常由前端设备（包括探测器和紧急报警装置）、传输设备、处理/控制/管理设备（报警控制主机）和显示/记录设备（输出设备）构成，如图1-3所示。

前端探测部分由各种探测器组成，是入侵报警系统的触觉部分，相当于人的眼睛、鼻子、耳朵、皮肤等，感知现场的温度、湿度、气味、能量等各种物理量的变化，并将其按照一定的规律转换成适于传输的电信号。

操作控制部分主要是报警控制器。

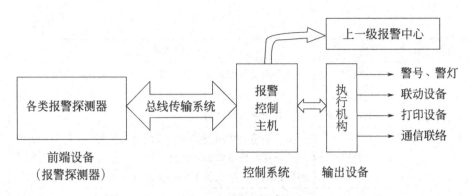

图1-3　入侵报警系统的示意图

监控中心负责接收、处理各子系统发来的报警信息、状态信息等，并将处理后的报警信息、监控指令分别发往报警接收中心和相关子系统。

2.入侵报警点位的设置部署

前端报警探测器的点位分布直接影响着管辖区域的安全，不同于视频监控设备，报警产品在安防系统中起着前期防范的作用，目的就是为了防止意外情况的发生，以便在第一时间使相关的人员获知意外情况并采取相应的措施，从而达到安全防范的作用。因此，报警探测器点位的设置部署可参考表1-3所示的方案。

表1-3　入侵报警点位的设置部署

所属区域	报警点位	报警需求
第一道防线区域	区域周界	主要防范外来人员的翻墙入侵、越界出逃，可用红外对射或电子光栅防范，红外对射光束数量和距离根据实际情况来定
	大厅出入口	主要防范进出大厅的人员，一般情况下使用的是玻璃材质的幕墙、大门，可配置门磁开关和玻璃破碎探测器
第二道防线区域	建筑物对外出入口	主要防范进出建筑物的人员，可配置红外幕帘探测器和门磁开关，如有玻璃门窗，可配置玻璃破碎探测器
	单元楼层顶部	主要防范来自楼层顶部入侵的人员，按功能强弱可选择激光探测器或者双鉴探测器来防范

续表

所属区域	报警点位	报警需求
第三道防线区域	电梯	主要用于被困人员的紧急求救，一般配置紧急按钮
	一二层住户门窗、阳台	主要防范低层住户的室外人员入侵，一般配置幕帘探测器和玻璃破碎探测器
	室内通道	主要防范室内楼道等固定环境的人员入侵，可配置吸顶式三鉴探测器或双鉴探测器，同时，在通道汇聚点需配置感烟探测器，用以防止火灾等突发情况
	监控中心	主要防范监控中心的人员入侵，一般配置吸顶式三鉴探测器或双鉴探测器，并配有紧急按钮，用以紧急情况下的手动报警，同时辅以声光警号等发出警示
	地下停车库	主要应对突发情况（火灾等）的报警，可配置烟感探测器和紧急按钮
	室内区域	主要监控办公室、库房等室内重点区域，一般采用吸顶探测器和幕帘探测器，并辅以烟感和紧急按钮等作为紧急报警设备
	住户厨房	主要应对住户家庭的煤气泄漏等意外事件，一般配置专业的煤气（CO）探测器
	楼梯前室/楼梯	主要针对火灾等突发事件，一般配置感烟探测器等来防范

四、门禁管理系统

门禁管理系统就是对出入口通道进行管制的系统，管理什么人什么时间可以进出哪些门，并提供事后的查询报表等。它是新型现代化安全管理系统，集微机自动识别技术和现代安全管理措施为一体，涉及电子、机械、光学、计算机技术、通信技术、生物技术等诸多新技术，是解决重要部门出入口实现安全防范管理的有效措施，如图1-4所示。

门禁管理系统主要由识读、管理/控制和控制执行部分以及相应的系统软件组成。

图1-4　小区入口处安装的出入口控制系统

1. 出入口识读部分的主要功能

出入口识读部分，是通过提取出入目标身份等信息，将其转换为一定的数据格式传递给出入口管理子系统；管理子系统再与所载有的资料对比，确认同一性，核实目标的身份，以便进行各种控制处理。

对人员目标，分为生物特征识别系统、人员编码识别系统两类；对物品目标，分为物品特征识别系统、物品编码识别系统两类，如图1-5所示。

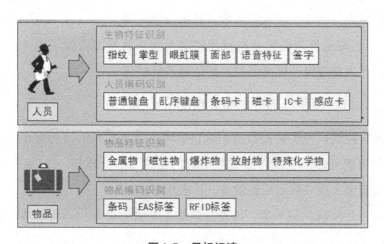

图1-5　目标识读

2.出入口管理/控制部分的主要功能

出入口管理系统是门禁管理系统的管理与控制中心。其具体功能如下：

（1）门禁管理系统人机界面。

（2）负责接收从出入口识别装置发来的目标身份等信息。

（3）指挥、驱动出入口控制执行机构的动作。

（4）出入目标的授权管理（对目标的出入行为能力进行设定），如出入目标的访问级别、出入目标某时可出入某个出入口、出入目标可出入的次数等。

（5）出入目标的出入行为鉴别及核准。把从识别子系统传来的信息与预先存储、设定的信息进行比较、判断，对符合出入授权的出入行为予以放行。

（6）出入事件、操作事件、报警事件等的记录、存储及报表的生成。事件通常采用4W的格式，即When（什么时间）、Who（谁）、Where（什么地方）、What（干什么）。

（7）系统操作员的授权管理。设定操作员级别管理，使不同级别的操作员对系统有不同的操作能力，还有操作员登录核准管理等。

（8）出入口控制方式的设定及系统维护。单/多识别方式选择，输出控制信号设定等。

（9）出入口的非法侵入、系统故障的报警处理。

（10）扩展的管理功能及与其他控制及管理系统的连接，如考勤、巡更等功能，与入侵报警、视频监控、消防等系统的连动。

3.出入口控制执行部分的主要功能

出入口控制执行机构接收从出入口管理子系统发来的控制命令，在出入口做出相应的动作，实现门禁管理系统的拒绝与放行操作，分为闭锁设备、阻挡设备及出入准许指示装置设备三种表现形式。

比如，电控锁、挡车器、报警指示装置等被控设备，以及电动门等控制对象。

五、访客管理系统

访客管理系统主要用于访客的信息登记、操作记录与权限管理。访客来访，需要对访客信息做登记处理，为访客指定接待人员、授予访客门禁点/电梯/出入口的通行权限、对访客在来访期间所做的操作进行记录，并提供访客预约、访客自助服务等功能。主要是为了对来访访客的信息做统一的管理，以便后期做统计或查询操作。

访客管理系统的主要服务对象为外来到访人员，通过系统实现对其来访及出入进行管制，主要有以下三种管制方式，具体如表1-4所示。

表1-4　访客来访及出入管制方式

序号	管制方式	具体说明
1	通过信息平台登记	访客可以通过信息平台进行预先登记（来访人资料、手机号码；被访人姓名、工作单位或楼层房间号），当预约经被访人确认通过，系统会发送一密码到来访人手机，来访人到访客机输入密码再扫描证件，信息平台将分配好的"权限组"授予卡片，并吐卡
2	通过电话直接与被访人预约	访客通过电话直接与被访人预约，被访人通过该预约只需登录相应的信息平台填写来访人信息（手机号码必填）确认，系统会发送一密码到来访人手机，来访人到访客机输入密码再扫描证件，信息合法系统将分配好的"权限组"授予卡片，并吐卡
3	到保安室进行信息登记	没有提前预约的访客需先到保安室进行信息登记。由保安人员联系被访人，经被访人确认，保安人员通过扫描终端对到访人员所持身份证件进行登记，信息合法将分配好的"权限组"授予卡片，交予来访人

六、电子巡更管理系统

电子巡更管理系统，是管理者考察巡更者是否在指定时间按巡更路线到达指定地点的一种手段。

电子巡更管理系统是安防中的必备系统，因为没有任何电子技防设备可以取代保安，而保安最主要的安全防范工作就是巡更。

电子巡更管理系统能够有效地对保安的巡更工作进行管理，在欧美发达国家及中国的发达地区被列为安全防范系统里的必备项目，如图1-6所示。

图1-6　安保人员扫微信签到

电子巡更管理系统的组成如图1-7所示。

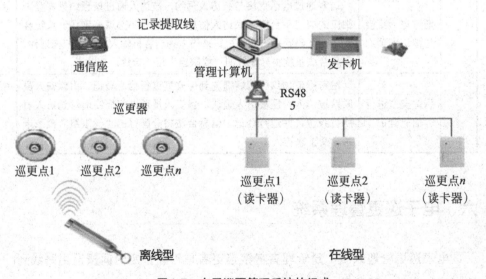

图1-7　电子巡更管理系统的组成

1.采集部分设备

网络版电子巡更系统中，前端设备是安装在现场的信息点，一般是安装在保安人员必须巡更经过的地方，并每个保安人员配备一根巡更棒（器），当保安人员巡逻到相应的位置，用手持的巡更棒读取该地方的信息点资料，如图1-8、图1-9所示。

图1-8　巡更点　　　　　　　　　　　图1-9　巡更棒

2.传输系统

传输系统的任务是把现场保安人员用巡更棒（器）采集到的信息，通过本地管理中心的通信座读出信息，并利用网络版客户端软件将读取的信息及时上传到总公司管理中心服务器，以达到信息共享的目的。

通信座用于接触式巡更系统中，通过RS-232与计算机连接，以实现巡更棒和计算机间的通信；它采用微计算机设计，可对巡更棒内的数据进行设置、读取和清除。

3.控制系统

控制部分是整个系统的"心脏"和"大脑"，是实现整个系统功能的指挥中心，主要利用总公司控制中心的服务端管理软件，对各分工作组上传上来的保安人员巡逻数据进行汇总分析处理，从而生成各种报表，以供管理人员考核。

七、楼宇可视对讲系统

可视对讲系统是一套为住户与访客间提供图像及语音交流的现代化楼宇控制系统。来访者在门口主机上输入房号，呼叫住户，住户听到铃声后，可在屏幕上看到来访者容貌，并可与之通话。住户可选择按开锁键开门，让来访者进入；也可选择不理睬来访者或报警求助。

小区内门口主机可与小区管理中心管理主机联网，管理人员可看到及听到各门口主机图像及通话。住户如遇紧急情况（如火情、急救、警情等），也可呼叫管理中心，管理人员同样也可呼叫分机与住户联系。

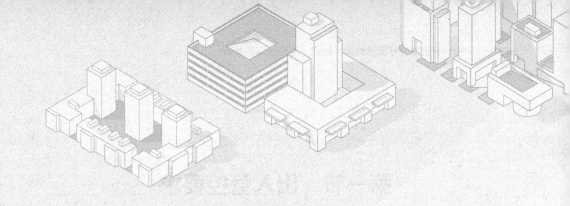

第二章 | 物业区域出入
Chapter two 管理

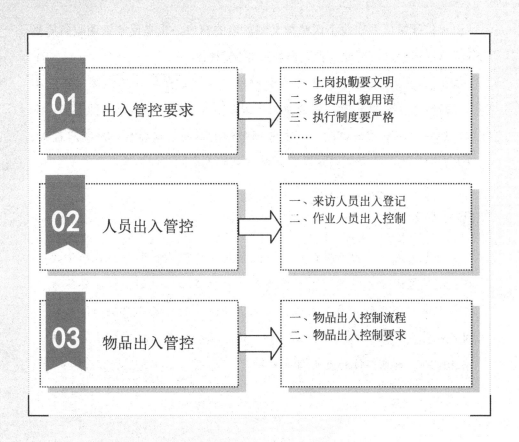

01 出入管控要求 ⟹ 一、上岗执勤要文明
二、多使用礼貌用语
三、执行制度要严格
……

02 人员出入管控 ⟹ 一、来访人员出入登记
二、作业人员出入控制

03 物品出入管控 ⟹ 一、物品出入控制流程
二、物品出入控制要求

第一节　出入管控要求

出入管控是指对指定的大门或道口履行职责严格把守，对进出的车辆、人员、物品等进行检查、验证和登记的一系列工作过程，以维护物业辖区内部治安秩序、保障业主（用户）及其财产安全的一种安保业务活动。

一、上岗执勤要文明

出入口既是反映物业小区精神文明程度的窗口，也是反映管理服务质量和服务水平的窗口，因此，护卫员要注意文明执勤。

执勤时必须规范着装，做到服装整洁、仪表端庄、精神饱满、态度和蔼、礼貌待人、办事公道、坚持原则、以理服人、尽职尽责、热忱服务；不准擅离职守，不准闲聊打闹，不准酗酒吸烟，不准私自会客；严禁刁难人、打骂人、欺压人，严禁粗暴无礼，不准有侮辱人格的行为发生。

> **❓ 小提示**
>
> 业主（用户）出入大门时，护卫员应有礼貌地行举手礼并抬手放行或微笑迎送示意放行。这样既有利于机动灵活地执勤，将主要注意力放在那些陌生的人员、车辆、物品上面；同时，又可以预知什么时间是人员或物品、车辆进出高峰期，适当调整勤务，把主要精力放在重点时间、重点部位和重点人员方面。

二、多使用礼貌用语

护卫员应多使用礼貌用语，为业主（用户）提供良好服务。不同情况下礼貌用语的使用不同，具体如下：

（1）面对当日第一次遇到的业主（用户），应立正敬礼，并根据具体时间情况向业主问好，如"早（晚）上好！""上（中、下）午好！"

（2）当有陌生人走进大堂时，要起立问候"×先生/小姐/女士，您好！"或"请问您有什么事吗？"

（3）当访客对登记有效身份证件一事有异议时，用诚恳的语调告诉对方："对不起，登记身份证号码是公司的一项制度，请您支持！"

（4）当有访客出来时，要准确填写其离开时间，如其证件留在岗位上，应起立，双手将证件递还访客，同时说："请慢走！"

（5）当遇到由公司或管理处领导陪同客人前来参观时，应立正敬礼并礼貌地说："欢迎各位领导光临指导！"

（6）如有业主（用户）询问不属于自己工作职责内的问题或自己不了解的情况时，不要轻易允诺，应礼貌地解释说："对不起，我不了解这个情况，如果需要，我帮您询问一下，一会给您回复。"

三、执行制度要严格

制度是为了维护物业小区内部治安秩序稳定，防止业主（用户）人身和财产遭受损失，保障生产、工作顺利进行，并因此而制定并实施要求人们共同遵守的关于人员和物资进出大门的规程和准则。

出入口保安要及时做好制度的宣传解释工作，以取得业主（用户）的理解和支持，以便更好地开展工作。

四、查验人、物要细致

查验人、物要细致是指在查验出入证件与核对进出车辆、物资和人员所携带的物品时要认真负责、仔细观察，不要忽视任何可疑的细节和蛛丝马迹，要善于对人和物进行观察。

1.查验方法

其查验方法具体如图2-1所示。

对人的观察 ← - - - - 对人的观察要注意从衣着打扮、动作表情上发现疑点，如衣着打扮是否正常；有无冷天穿衣少、热天穿衣多；有无脏衣不脱，有无下雨天戴墨镜等现象；动作上是否有行动诡秘、左顾右盼，围着某个要害重点目标转，神色慌张等表现

对物的观察 ← - - - - 对物的观察要注意从携带物品的名称、型号、形状、色彩、气味、体积、包装等情况中发现异常

对车辆的检查 ← - - - - 对车辆的检查要特别注意观察驾驶员的神态有无反常现象，如过于热情地递烟、大方地赠送小纪念品，是否企图乘护卫员不备突然闯进闯出、逃避检查等

图2-1　查验方法

2.查验步骤

（1）护卫员通过观察发现可疑的人和物。

（2）对可疑的人和物坚决追查到底。在执勤过程中，护卫员要对可疑人员的姓名、年龄、籍贯、身份证件、来去方向、活动时间、携带物品等情况全面仔细询问，并在盘问中捕捉其疑点。

比如，说话的方言口音与其自报的籍贯不符；身份证件有涂改、伪造的痕迹；衣着打扮与其自述身份不符；携带物品的数量与其表述相矛盾等。对于一些回答问题支支吾吾、前后矛盾、漏洞百出或行为反常、举止可疑的更要特别加以注意。

（3）对可疑的人和物品进行必要的检查，注意检查是否带有违禁物品。发现单、物不符的，要扣留必要物品作为证据，必要时可暂扣车辆；若有确凿证据表明有犯罪嫌疑的，应当将犯罪嫌疑人扭送到公安机关审查。

五、处理问题要灵活

出入口护卫员所处的位置很重要，是人、物出入小区必经之处，人员流动量大、车辆进出频繁、物资进出量也很大。所以，出入口护卫员在值勤工作中对具体问题要灵活处理，具体要求如图2-2所示。

原则性问题

对于原则性问题必须严格把关，坚持原则，不能有丝毫让步，如物资出门无放行条、无关人员无出入证随意出入、外来访客不履行来客登记手续等

非原则性问题

对于非原则性问题则可以灵活处理，不能过于拘泥、不必太计较、不宜过多纠缠；否则导致浪费时间，花费许多不必要的精力，影响了对原则性问题的处理

图2-2 灵活处理问题的要求

❓ **小提示**

处理问题要灵活是指处理问题要随机应变，把原则性问题和非原则性问题区分开来，然后针对不同性质的问题采取不同的处理方法，以便及时妥善地处理问题。

六、交接班工作要清楚

出入口护卫员换岗交接的内容，一般包括执勤情况、注意问题和待办事项。交接班的方法是根据出入口护卫员勤务的性质、特点和周围环境、交接时间，可分为同向交接、异向交接和侧向交接三种，如表2-1所示。

表2-1 交接班的方法

序号	交接方法	具体说明
1	同向交接	即交接班的护卫员面向同一方向并肩站立进行交接，常用于执勤环境较好，门前没有杂乱的人、车、物等情况的一般出入口保安勤务
2	异向交接	即交接班的护卫员相距1～2米相对站立进行交接，常用于情况比较复杂或夜间的出入口保安勤务。特殊情况下，或因地形条件所限，也可并肩而立或者背靠背站立交接
3	侧向交接	即交接班的护卫员在距离1米以上，面向内侧站立，进行交接，常用于白天出入口保安勤务

第二节 人员出入管控

物业区域内每天有大量的人员出入，不仅有业主（用户），还有来访人员、作业人员，为了保证区域内业主（用户）的人身、财产安全，物业服务企业必须做好人员出入管控。

一、来访人员出入登记

1.须进行登记的人员

业主（用户）、管理处领导及员工进出本小区不用登记。对外来客人

［包括业主（用户）的亲友、各类访客、装修等作业人员、员工的亲友等］一律实行进、出小区登记（或存、取）有效身份证件制度。

2.来访人员出入迎候与登记要领

（1）当有客人来访时，应主动点头微笑示意，并用"先生（小姐），您好！请问您拜访哪位，住哪层、哪座？""请您出示身份证件登记。""请您用对讲与您朋友联系一下。""对不起，让您等候了，谢谢合作，请上楼。""对不起，实行验证登记是我们的工作制度，请您谅解"等话语予以提示或表示歉意。

（2）认真核对证件和持有人是否相符，若不符则不予登记并禁止进入。准予登记的有效证件，特指有效期内的身份证、居住证、驾驶证等，如图2-3所示。

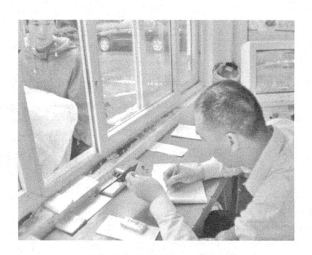

图2-3　认真验证、登记

（3）来访客人必须说准所找业主（用户）的姓名及楼、座等，必要时须与业主（用户）通话确认后方可登记进入。

（4）当来访人员出小区时，护卫员应及时核准，说"谢谢合作！""再见！""慢走！"等，并参照表2-2记载离开时间。

表2-2 来访登记表

日期		来访人姓名	性别	年龄	住址	有效身份证件/号码	被访人姓名	住址	来访时间	离开时间	值班人	备注
月	日											

二、作业人员出入控制

作业人员指的是装修施工人员、搬家人员、送货、送餐、送票等服务人员。对于这一类人员的出入也要按规定进行登记，同时，按图2-4所示的流程来操作。

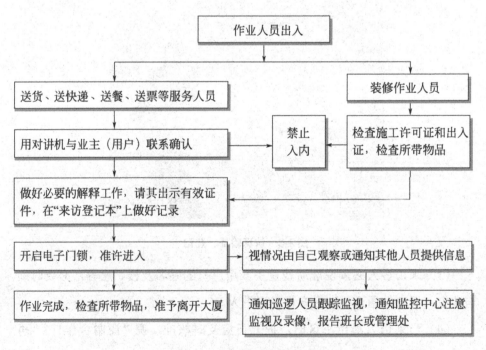

图2-4 作业人员出入流程

🧳 案例

安保人员违规放人进入管理区域

2021年8月的某一天，某装饰工程公司装修工人钟某对某小区管理处的安保员谎称是装修工人，安保员未查实其是否有装修出入证，也未进行出入登记，就予以放行。致使钟某顺利进入一业主的住所，骗开房门后入室抢劫，在室内作案长达4个小时，先后将保姆及业主妻子杀害，劫得10万余元及手机等财物后按原来路线离开该小区。

该业主将物业管理处和钟某告上法庭，法庭一审给出了判决：物业管理处应对赔偿总额的30%（约17万余元）承担补充赔偿责任。原来，钟某作为装修工人参与了装修施工，于2020～2021年间，钟某还参与了小区内另两套房屋的装修。三次装修，管理处均为钟某办理了"出入证"，上面写明了有效期。案发当日上午9时许，钟某携带装了铁锤、卷尺的塑胶袋，对安保员谎称搞装修，并出示了一张过期的"出入证"。安保员没有看清楚"出入证"，也没有要求其登记，即同意钟某入内，最终导致了案件的发生。

物业管理处对于以装修工人名义要求进入楼内的人员，必须采取适当的方式核实其身份。在此例中，因为装修工曾在该花园参与过两套房的装修，与安保员已经很熟悉。因而，安保员没有履行认真验证的职责，从而导致惨案。

正确的做法是，对于装修人员，不管是否熟悉，都应该按程序执行公司的出入验证、登记制度，对于过期的出入证，应拒绝他进入。同时，应仔细询问他为哪一户装修，查看该户是否在装修，通过这一过程也可防范装修人员混入。

第三节　物品出入管控

物业区域内经常有业主（用户）迁入迁出需要搬动物品，或是买卖各类物品，对此，物业服务企业要做好物品出入控制，以保证业主（用户）的利益及安全。

一、物品出入控制流程

物品出入控制的流程如图2-5所示。

二、物品出入控制要求

1.物品的搬入

（1）当业主（用户）或其他人往小区（大堂）内搬运物品时，值班护卫员应礼貌地询问是何物品，搬往何处。必要时可委婉地提出查验，确认无危险物品后，可予放行。

（2）当确认搬入物品属危险品时，值班护卫员应拒绝搬入。无法确认时，可报告班长或管理处。

2.物品的搬出

（1）业主（用户）需要搬出物品，则应提前到管理处办理手续，说明需要搬出的物品名称、数量及大致时间，并留下本人身份证复印件，在"放行通知单"的存根上签字认可，管理处按照业主（用户）提供的情况出具"放行通知单"。物业使用人搬出物品则应由业主到场签字认可，方能办理。

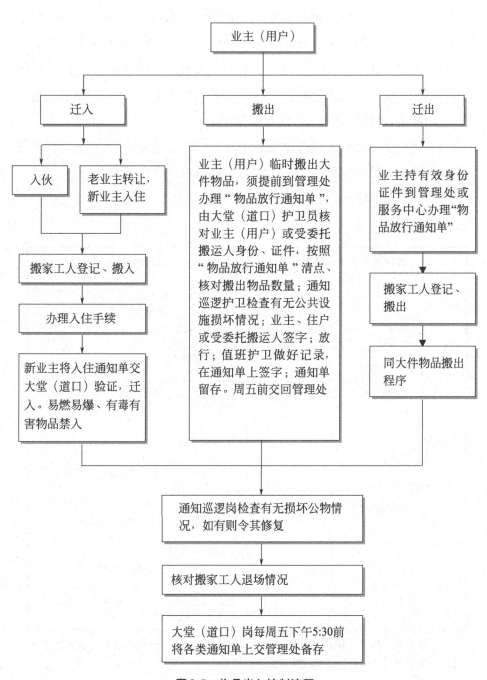

图2-5 物品出入控制流程

（2）当班护卫员收到业主（用户）交来的"放行通知单"后，应礼貌地对搬出物品予以查验，确认无误后，请业主（用户）在"放行通知单"的相应栏目上签名，护卫员则登记业主（用户）或搬运人的有效身份证件号码，并签上（护卫员）本人的姓名和放行的时间。然后对业主（用户）的支持与合作表示感谢。"放行通知单"须交回管理处。

（3）若业主（用户）搬迁物品时未办理"放行通知单"，护卫员应予提示并拒绝放行。特殊情况可立即报告班长或管理处处理。

（4）搬运出的物品应及时搬离，不得放在大堂。

放行通知单如图2-6所示。

放行通知单（存根）	放行通知单
大堂（岗）： 　　兹有_____阁____层____座业主_____先生/_____女士委托/同意_____先生/女士于____月___日搬出_____ 等物品，已办理搬迁手续，请查验后予以放行。 管理处（章） ___年___月___日 业主签名： ___年___月___日	大堂（岗）： 　　兹有____阁____层____座业主（用户）先生/_____女士委托/同意_____先生/_____女士于____月____日前搬出_____ 等物品，已办理搬迁手续，请查验后予以放行。 管理处（章） ___年___月___日 业主（用户）或受委托人有效身份证件号码： 业主（用户）或受委托人签名： ___年___月___日 值班护卫员签名： ___年___月___日___时___分 注：此联由管理处办公室人员于一周后查验并收回

注：若业主（用户）搬迁物品时未办理"放行通知单"，护卫员应予提示并拒绝放行。特殊情况可立即报告班长或管理处人员处理。

图2-6　放行通知单

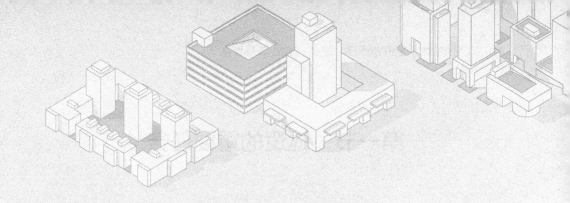

第三章 物业巡逻管理
Chapter three

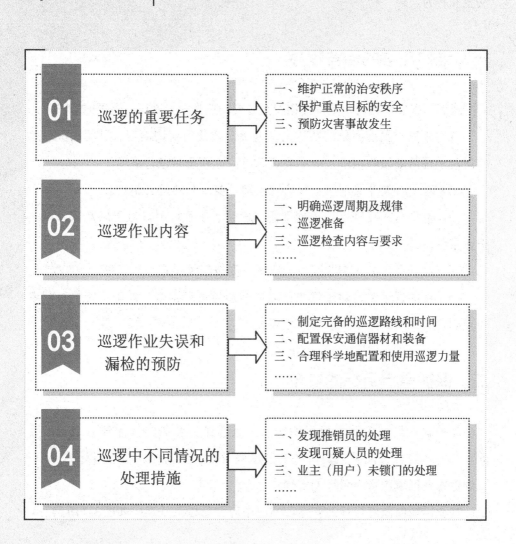

01 巡逻的重要任务
一、维护正常的治安秩序
二、保护重点目标的安全
三、预防灾害事故发生
……

02 巡逻作业内容
一、明确巡逻周期及规律
二、巡逻准备
三、巡逻检查内容与要求
……

03 巡逻作业失误和漏检的预防
一、制定完备的巡逻路线和时间
二、配置保安通信器材和装备
三、合理科学地配置和使用巡逻力量
……

04 巡逻中不同情况的处理措施
一、发现推销员的处理
二、发现可疑人员的处理
三、业主（用户）未锁门的处理
……

第一节 巡逻的重要任务

巡逻是指在一定物业区域内有计划地巡回观察，以确保该区域的安全。巡逻的目的有两个：一是发现并消除各种安全隐患，如门窗未关好、各种设施设备故障和灾害隐患、值班与守护不到或不认真等；二是及时处理各种违法犯罪行为。

一、维护正常的治安秩序

巡逻的主要任务之一是维护物业区域内的正常治安秩序。巡逻时应注意：

（1）巡逻时发现四处游荡的闲杂人员，要及时查询清楚、了解情况，尤其是对于拉帮结派的闲杂人员更要认真对待，并及时进行清理。

（2）对于打架斗殴或聚众闹事的人员，要及时劝阻、制止。

（3）发现有人在辖区内无理取闹，影响正常秩序时，应予以劝阻，以维护正常秩序。

（4）对于私自进入物业区域的摊贩，要按相关规定加以清理。

（5）夜间巡逻时，对于重点区域如楼道应认真巡查。对于可疑的人或事要查明情况，及时处理，以防发生事故。

二、保护重点目标的安全

保护物业区域内重点目标的安全，是巡逻员业务的具体任务之一。因此，执行巡逻任务的护卫员，在巡逻过程中要加强区域内重点目标的保护，以确保物业区域内重点目标的安全。

物业区域内重点目标的安全，巡逻中应注意以下几点，如图3-1所示。

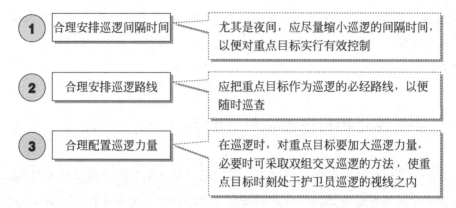

1	合理安排巡逻间隔时间	尤其是夜间，应尽量缩小巡逻的间隔时间，以便对重点目标实行有效控制
2	合理安排巡逻路线	应把重点目标作为巡逻的必经路线，以便随时巡查
3	合理配置巡逻力量	在巡逻时，对重点目标要加大巡逻力量，必要时可采取双组交叉巡逻的方法，使重点目标时刻处于护卫员巡逻的视线之内

图3-1　物业区域内重点目标巡逻要点

三、预防灾害事故发生

灾害事故分为人为灾害事故和自然灾害事故两种。

1.人为灾害事故

人为灾害事故是指因为人们的主观过失，违反纪律或安全规定而造成的灾害事故，主要包括爆炸、火灾等事故。

2.自然灾害事故

自然灾害事故是指自然条件突然变化所引起的事故，如常见的水灾、火灾等事故。保安巡逻过程中，护卫员对小区内一切可能引发治安灾害事故的各种隐患、漏洞和征兆等，要及时发现并采取相应措施，消除隐患。例如：

（1）在举办大型文体娱乐活动的场所，护卫员要做好人群进场、退场的疏导工作，防止拥挤推搡致使伤亡事故发生。

（2）在物业管理区域内部和周边交通干线机动车辆往来频繁，与非机动车辆、行人混杂行驶期间，巡逻时应加强分道行驶和互相礼让等疏导指挥工作，消除超速与抢行等不安全因素，防止交通事故发生。

（3）在高层建筑的楼梯、门口等主要通道，重点应检查消防器材设备是否完备；安全照明是否有效；电线与电器设备有无漏电、断线或产生火花；现场施工是否有违章使用明火或使用明火与使用易燃品同步作业等现象。一经发现应立即报告，并及时消除。

四、协助制止和打击违法犯罪活动

护卫员在执行巡逻任务过程中，对一切可能影响或危及巡逻区域及重点目标安全的各种嫌疑情况，应及时发现、严格控制、果断处置，以确保巡逻区域内的治安秩序和业主（用户）及财产的安全。巡逻中发现的问题及处理方法如表3-1所示。

表3-1　巡逻中发现的问题及处理方法

序号	处理方法	具体说明
1	形迹可疑的人	对于擅自进入巡逻区域内的不明身份的人员，尤其是夜间进入巡逻区域内的人员，护卫员要进行必要的盘查；对于行为鬼祟或在窥视重点目标的人员，要提高警惕，密切监视；对嫌疑人要严格控制，并及时报告公安机关，协助公安机关打击违法犯罪活动，维护小区治安秩序
2	可疑的物品	护卫员在巡逻时应细心观察，认真巡查，对于突然出现的不明物体或异常物品要及时查明有无危害性并查清其来路。对于有危害性或破坏性的物品要及时清理，对于犯罪嫌疑人放置的作案工具要及时报告有关部门处理
3	可疑的现象	护卫员在巡逻过程中要善于发现异常现象和异常事物。如重点目标本身或周围的某些变化，应锁闭却被开启的门窗、夜间突然断电、有不正常的声响、围墙或隔离网的损坏等各种异常现象都要及时发现，密切关注，并查明原因、及时处理，使违法犯罪者无机可乘

五、保护灾害事故现场和犯罪现场

护卫员在巡逻区域内，如果发生灾害事故或犯罪案件，护卫员有责任、有义务做好现场保护工作，具体要求如表3-2所示。

表3-2　保护灾害事故现场和犯罪现场的要求

序号	保护要求	具体说明
1	对于爆炸、火灾等灾害事故现场	护卫员一方面要积极灭火救灾，抢救伤亡人员和财产，使灾害造成的损失降到最低限度；另一方面，要在抢险救灾的同时注意保护现场，尽量使现场不被破坏，为查明原因、分清责任创造条件
2	不明原因的案件、事故	护卫员在巡逻中一旦发现物业区域内发生案件、事故，无论产生的原因是什么，都应按照现场保护任务和要求，马上采取行动。一方面报告公安机关和有关部门；另一方面立即采取措施，划定现场区域并实施封闭，设置警戒，严禁无关人员进入；同时紧急抢救伤者，保护好证据，注意发现各种可疑情况和抓获违法犯罪分子，倾听现场周围群众的各种议论反映等
3	对于犯罪嫌疑人正在作案的犯罪现场	护卫员应根据现场的实际情况采取果断措施予以制止，并及时将其抓获，防止其逃跑或毁灭证据；同时，报告公安机关予以处理

六、处置巡逻中发现的突发事件

突发事件是指行为人故意制造的、对物业区域及人员安全有较大危害和较大影响的突发性事件，主要包括：聚众闹事、大型斗殴、哄抢物资、纠缠有关人员及凶杀、纵火等犯罪案件。突发事件的处置要求如表3-3所示。

表3-3　突发事件的处置要求

序号	处置方法	具体说明
1	要有切实可行的应急处置方案	执行巡逻任务的护卫员应根据巡逻中可能发生的突发事件，制定出切实可行的、有针对性的应急处置方案
2	要有快速反应的应急力量	处理突发事件应及时果断，处理迅速。因此，要确保一定的机动力量随时待命，巡逻中一旦发生突发事件，能够做到快速反应，制止事态蔓延
3	要有可靠的通信联络方法	护卫员在巡逻中发现突发事件，应尽快报警或通知其他护卫员及有关部门，组织力量迅速赶赴现场，尽快平息事件

续表

序号	处置方法	具体说明
4	要有平息突发事件的策略	对于闹事、斗殴等突发事件，在平息的过程中要注意讲究方式方法，要做好正面引导工作，要注意稳定行为人的情绪，消除其过激反应
5	要有制止打击犯罪的手段	对于行凶、杀人、抢劫、绑架等犯罪活动，要采取果断措施予以制止，并积极协助公安机关打击犯罪活动

七、处置巡逻中发现的意外事件

意外事件是指人们不能预见和控制的事件，主要包括自然灾害和意外事故。对意外事件的处置，应注意：

（1）迅速报告并组织抢救。巡逻中发现意外事件，要将事件的基本情况、涉及范围、发展趋势等情况向有关部门报告，并积极参与抢救工作。

（2）保护好现场，协助进行事件调查。

（3）积极协助做好善后工作。

第二节　巡逻作业内容

日常巡查工作是物业服务企业的一项最基础、最重要的日常工作，对如实、科学地反映物业区域内的情况起着十分重要的作用，因此，护卫员必须严格遵守。

一、明确巡逻周期及规律

每个物业管理处都会根据所在物业的管理水平及安全环境要求制定相应

的巡逻周期，作为护卫员，一定要了解本管理处的规定。

　　下面提供一份××物业管理处住宅小区和大厦的巡逻周期及规律的范本，仅供参考。

📓 **范本**

巡逻周期及规律

	巡逻周期	巡逻规律
小区巡逻	30分钟巡逻打卡一次	不制定固定路线，但不留死角、偏角
大厦巡逻	90分钟巡逻打卡一次	先从天面起，自上而下，从每层楼依次巡逻到地下室，最后到室外

二、巡逻准备

　　护卫员在开展巡逻工作前，做好以下准备工作：

　　（1）与上一班护卫员做好交接班工作。

　　（2）准备好巡逻器材、装备。

　　（3）准备好巡逻用的检查表。

三、巡逻检查内容与要求

1.巡查各岗位执勤情况

　　（1）交接班时，班长到各岗位巡查一遍，检查各岗位交接是否清楚，手续是否完备，护卫员的着装、仪容仪表等是否符合规定，发现问题立即纠正。

　　（2）班长定期到各岗位巡视一次。

（3）巡查时，发现有不认真执勤或违纪、违章等情况，要及时纠正，并做好值班记录，上报管理处。

（4）本班执勤中遇到疑难问题时，班长应立即到场，按有关规定处理，不能解决时，报管理处处理，并做好记录，如表3-4所示。

表3-4　巡逻员值班记录表

班次	序号	时间	巡视路线	巡视情况记录	日常抽查签字
早班	1				
	2				
	3				
中班	1				
	2				
	3				
晚班	1				
	2				
	3				
值班重要问题记录					
交接班签字	早班	交接人： 接班人：	中班	交接人： 接班人：	晚班　交接人： 接班人：
主管部门月检查记录			检查人签字：	日期：	

注：
日常抽查签字栏是供各级领导检查工作后的签字之便。

2.巡楼

（1）每班巡楼三至四次。

（2）巡楼护卫员乘电梯到天台，从上至下认真仔细地巡视一遍，发现不安全因素或问题及时处理，并报告班长或管理处，做好值班记录。

（3）巡查电梯机房和水箱等门边暗角，发现不安全因素及时和维修人员取得联系，力争尽快处理，并做好记录。

（4）从天台走后楼梯逐层巡查至地下室。

（5）巡查每层楼时，要眼睛多看有无异常情况，耳朵多听有无异常响动，鼻子多嗅有无异常气味等，当发现有业主（用户）室内冒烟并伴有焦煳味；歹徒撬门行劫行凶；可疑人员在楼道徘徊；室内有水溢出门外；业主（用户）房门大开；呼叫无人应答；业主（用户）室内有打闹、哭叫、呼救声等情况时，应立即采取行动，按有关规定处理。

（6）及时发现和消除各种隐患。巡逻时要仔细检查房屋本体、公共设施和消防、防盗设施是否完好无损，若有损坏或异常情况要填写故障通知单，情况严重的要立即报告班长或管理处及时处理，并做好值班记录。

（7）仔细巡查地下室各机房重地，包括：发电机房、水泵房、高低压配电房、消防控制中心等重点部位，发现不安全因素，迅速与相关值班人员取得联系，及时消除隐患。特别是台风暴雨期间，更要加强巡查，做好应急准备工作。

> ❓ **小提示**
>
> 　　护卫员巡楼时应特别注意空置房的防火、防盗工作。如发现空置房内有异常情况应及时向班长汇报。

3.巡检停车场

（1）指挥车辆慢速行驶，引导车辆停在指定车位，严禁乱停乱放，若发现行车通道、消防通道及非停车位有车辆停放，及时进行查处纠正，并做好记录。

（2）巡查车况，发现有未关车门、窗和漏水、漏油等情况及时通知车主，并做好记录，上报管理处及时处理。

（3）一旦发现有形迹可疑人员、斗殴事件或醉酒者、精神病人等情况，按有关规定处理，做好值班记录并上报，如表3-5所示。

表3-5　停车场巡检记录表

日期	班/次	检查时间	车辆停放数	机动车辆检查情况				消防设施检查情况			值班员	备注
				车牌号	外观损坏	门窗未关	其他	消火栓	灭火器	其他		

注：

1. 每班对停车场的全面巡查至少4次。

2. 发现车辆有损坏、门窗未锁闭、车内有箱包等情况时，应立即填写"停车场车辆检查处理记录表"。

3. 发现消防设施有异常情况应立即填写"故障通知单"，管理处立即做出处理。

4. 实行首接责任制，本班发现的问题由本班负责跟进。

5. 要求统计准确，记录完整。

四、巡逻签到

护卫员有巡逻时必须在固定的签到箱签到。为方便签到、检查，物业管理处都会安装巡逻签到箱，配置签到卡，一般要求各责任区的护卫员在巡逻中，按规定时间打开签到箱在签到卡上签到一次，责任区内有多少签到箱，都应签到。每张签到卡，不允许同时签到。

签到时，签到人、检查人都要求在卡上签名并注明时间，如表3-6所示。

表3-6　保安巡逻签到卡

岗位：　　　　　　　　　　　　区域：

时间	签名	时间	签名	时间	签名
巡视记录（楼管员填写）：					

五、巡逻记录

护卫员在巡逻结束后应对巡逻情况做记录，如表3-7、表3-8所示。

表3-7　小区巡逻记录表

单位：　　　　　　　　　　　　　　　　　　　　　年　　月　　日

班次：	当班时间：	值班员：	例巡时间：
检查内容			检查情况
1	是否有可疑情况或可疑人徘徊、窥视		
2	是否有机动车停在绿地、人行道、路口		
3	是否有业主（用户）在室外动土施工、搭建和牵拉电线		
4	是否有未按规定的时间、要求进行装修的		
5	是否有乱摆卖现象		
6	业主（用户）有无意见、建议		
7	是否有收捡垃圾、乞讨等人员		
8	是否有乱堆放装修垃圾和生活垃圾的；是否有高空抛物的现象		
9	是否有人践踏绿地或在绿地踢球、砍伐树木、占用绿地等破坏绿化的现象		

续表

	检查内容	检查情况
10	是否有在绿地或树木上挂晒衣物的现象	
11	是否有漏水、漏电、漏气等现象	
12	是否有污、雨水井或化粪池堵塞、冒水的现象	
13	房屋本体内楼道灯、电子门、消火栓、公共门窗等设施的完好情况	
14	小区内道路，路灯，污、雨水井盖，游乐设施，消防路桩，路墩等设施有无损坏	
15	其他	

注：

1.没有发现问题的在检查情况栏内打"√"，有问题的则记载下来。

2.发现紧急情况，马上报告，对于大量渗漏、冒水、设施严重损坏和违章等一时难以处理的问题，由班长立即报告上级。

表3-8　空置房巡查记录表

保安____班　　　　　　巡查人：　　　　　　巡查日期：　　年　　月　　日

序号	单元	房号	巡查项目										异常情况记载	处理措施及结果	保安班长签字	秩序维护主管签字
			门	锁	水	电	气	电器	地板	窗户	家具	房屋本体				

注：

1.空置房屋的巡查周期为每10天一次。

2.巡查项目中，如属正常，须在对应方格内划"√"，异常划"×"，并填写"异常情况记载"。

3."处理措施及结果"一栏由秩序维护班长填写。

4.在异常情况处理完成后2日内，秩序维护班长须将本表交秩序维护主管，需对结果进行签字确认。

第三节　巡逻作业失误和漏检的预防

受限于物业管理区域范围的大小及物业的类型，再细致的巡逻工作，也不免有失误和漏检的时候。为了减少这种失误，物业服务企业可以采取一定的措施来预防。

一、制定完备的巡逻路线和时间

为了防止护卫员在巡逻时发生失误和漏检，秩序维护主管应提前制定完备的巡逻路线和时间，并严格要求护卫员按照巡逻路线和时间进行巡逻，以保证巡逻任务的顺利完成。

1.确定巡逻路线应考虑的因素

（1）必须将巡逻范围内的所有重点目标都包括进来。

（2）巡逻路线以最短为佳，如图3-2所示。

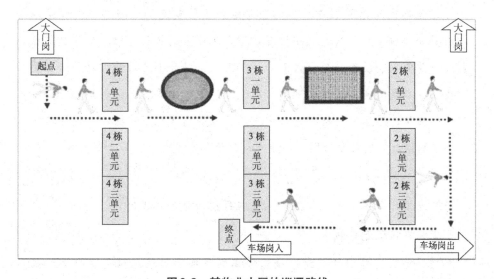

图3-2　某物业小区的巡逻路线

（3）不能让外人知道巡逻规律。

2.确定巡逻时间应考虑的内容

确定巡逻时间最重要的依据是治安动向和刑事犯罪活动的规律、特点。具体巡逻时间的确定，主要应考虑以下三个方面：

（1）根据不同性质、不同类型的案件在发生时间、地点等方面的不同，巡逻时间也应有所区别。

（2）根据有些案件受季节变化的影响，随着季节变化巡逻时间也应进行调整。

（3）根据某些案件在一天24小时内发生数量的变化，针对不同案件的高发时间，确定每天巡逻的重点时间。

下面提供一份××物业管理处制定的巡逻路线与时间的范本，仅供参考。

📖 范本

物业管理处巡逻路线与时间的制定

巡逻路线及巡逻工作职责由秩序维护主管制定，巡逻工作由秩序维护班长安排护卫员执行，并对巡逻护卫员工作情况进行考核。路线制定原则：一是要切合实际，应覆盖面广、范围大，符合小区对外控制和治安管理要求；二是定点不定线，确定必须途经的重点（要害部位），如配电间、空调机房等。然后确定路线，可分三路，每条路线上下、内外、重点与非重点分别搭配，制作路线图。对重点部位进行反复巡逻，以加强控制。

一、巡逻班次

巡逻工作分早、中、夜三班，夜班每组必须2人以上。

二、日常巡逻路线

（1）对小区外围的巡逻：确保停车场秩序，维护车辆交通安全，维持高峰时沿街交通秩序。

（2）对小区外围进出口通道的巡逻：检查边门通道畅通；大堂进出门周围的人员；消防应急门安全装置、门锁。

（3）对要害部门的巡逻：查看配电间、空调机房、锅炉房、仓库、冷库、电话机房等。

二、配置保安通信器材和装备

巡逻工作具有突发的运动性特点，业务空间较大，经常会遇到各种各样的情况，需要及时通报、联络和请求援助；在发生突发事件时，也需要相关的装备配置进行处理。

因此，应按照有关规定，为执行巡逻任务的护卫员配置必要的通信器材及相关装备，形成通畅的通信网络，保证巡逻人员之间、巡逻人员与指挥系统之间的正常通信和联系。一旦发生突发事件或意外事故，便于及时报告和请求援助；同时，也可以大大提高护卫员的应急处置能力。

三、合理科学地配置和使用巡逻力量

由于巡逻工作的要求不同、巡逻区域范围也不相同、重点保护目标的数量不同，对执行巡逻工作护卫员的配置和要求也存在差异。因此，秩序维护部在执行巡逻工作时，应根据不同的情况配置和使用巡逻力量。

（1）对于巡逻范围大、重点保护目标多的巡逻区域，可设立秩序维护部或巡逻队，布置足够的力量执行巡逻任务。

（2）对于巡逻空间小、没有重点目标或重点目标较少的巡逻区域则可适当安排巡逻力量，以避免造成人员上的浪费。

四、增强巡逻人员的业务能力和防范意识

巡逻工作的涉及面广、机动性较强，随时都可能遇到突发事件或意外事故，面对情况比较复杂，对执行巡逻工作的护卫员应提出更高的要求。因此，需要有一支素质高、业务能力强的秩序维护队伍执行巡逻任务，要求每一名护卫员都经过专门训练，掌握巡逻的业务知识和方法技能，才能较好地完成巡逻任务。只有这样，才能保证巡逻工作的正常开展。

另外，护卫员必须时刻保持警惕，加强防范意识，在执行巡逻任务时，要善于观察、善于分析、善于发现问题，不放过任何异常情况和可疑的迹象，发现问题，果断决策，及时处理。

五、加强与公安机关及有关部门的联系

维护物业管理区域内的正常秩序和治安，协助公安机关制止和打击违法犯罪活动，是保安巡逻工作中的一项重要任务。而且巡逻中遭遇的许多突发事件离不开公安机关的支持，需要公安机关进行处理。因此，秩序维护主管必须加强与公安机关的联系，取得业务上的支持与帮助。

六、做好交接班工作

大量事实证明，许多治安事件和犯罪活动都发生在护卫员交接班的时候。因此，必须加强交接班的管理工作，以有利于加强辖区的治安管理，减少犯罪活动。

（1）交接班应在指定的地点和时间内进行。

（2）当班执行巡逻的护卫员应在规定的时间到达交接班地点，并在交接班地点周围一边巡逻，一边等候接班。

（3）交接班应相互敬礼。当班护卫员在交班时，要将当班巡逻时管辖区

域内的情况详细介绍给接班的护卫员，并按规定履行防护器械等装备的交接。接班护卫员必须认真听取交班护卫员的介绍，应做到"三明"，交班护卫员必须在下班前认真填好"值班记录"，交班前做到"三清"，如图3-3所示。

（4）接班护卫员未到，当班护卫员在报告上级的同时应继续巡逻，不得擅自撤岗。

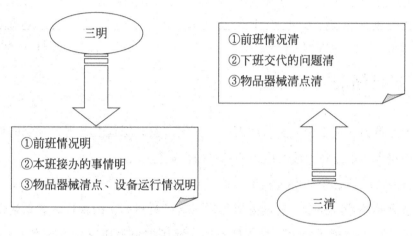

三明

①前班情况清
②下班交代的问题清
③物品器械清点清

①前班情况明
②本班接办的事情明
③物品器械清点、设备运行情况明

三清

图3-3　交接班"三明""三清"

七、执行巡逻记录制度

巡逻记录是指秩序维护部对执勤情况的原始记录，反映巡逻护卫员对巡逻区域内所了解的情况，是处置各类治安问题、服务业主（用户）的重要依据；同时也是对巡逻护卫员工作实绩进行评估和考核的重要标志，是巡逻护卫员加强自我监督的一种有效办法。

巡逻记录内容主要包括：辖区内的治安情况、社会动态、安全防范情况、服务情况以及其他重要信息。护卫员巡逻时，必须携带记事本；记录时，要书写工整、干净、清楚，内容真实。每次巡逻都要坚持记录，不能空着不记或以"平安无事"等敷衍了事，具体如表3-9所示。

表3-9 巡逻记录表

部门：　　　　　　　　　　　年　　月　　日

日期	班次	巡逻人员	巡逻结果	备注（相关处理情况记录）

八、执行情况报告制度

护卫员的巡逻工作应实行情况报告制度，及时把巡逻过程中发现的情况向上级报告，还应将一段时间内的综合情况进行汇报。

护卫员在巡逻中如发现闹事苗头，非法游行、集会、示威活动，交通事故，重大案件等，在进行先期处置的同时，应及时向上级报告；如果情况十分紧急，可以越级上报。在汇报情况时，巡逻护卫员应首先讲明本人单位、姓名和所处位置等内容，然后再简明扼要地报告事件的进展情况，请示的事项。报告完后，认真听取上级的指示，并按指示处理事情。

九、严格辖区查岗制度

为了检查护卫员在巡逻过程中的工作情况，秩序维护部要实行辖区查岗制度，以进一步完善和提高巡逻工作。查岗制度的要点如图3-4所示。

十、按工作规程进行巡逻

执行巡逻的护卫员必须严格按照工作规程进行巡逻作业。秩序维护主管应提前为巡逻护卫员制定好工作规程，方便其按工作规程执行巡逻。

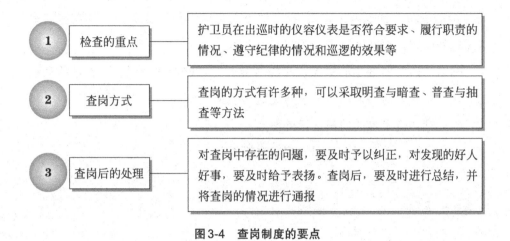

图3-4 查岗制度的要点

第四节 巡逻中不同情况的处理措施

护卫员在巡逻中经常会遇到各种情况，面对不同的情况，应有不同的处理措施。对此，物业服务企业应加强护卫员在此方面的培训，以便从容应对。

一、发现推销员的处理

护卫员在巡逻过程中有碰见推销员在卖东西，应礼貌地对其讲清在此推销会严重影响业主（用户）休息，劝其离开大厦。

二、发现可疑人员的处理

护卫员在巡逻过程中发现可疑人员基本的处理方法为：

（1）礼貌地盘问。

（2）仔细观察其脸部表情及回话神态。如果表情惊慌，说话语无伦次或无身份证，即带其返办公室调查。"对不起，耽误您一点时间，现在有点事情需向您了解，请您随我去一趟保安办公室。"

（3）及时与监控中心联系，掌握可疑人在楼层活动情况，并到其活动过的业主（用户）房间询问，了解有无财物损失。

（4）视调查了解的情况进行处理。

（5）另外，也可根据不同的情况进行处理。

❓ 小提示

加强巡逻检查是治安防范工作中预防、发现和打击违法犯罪分子的一项行之有效的措施，而对可疑情况视级别及时采取相应的措施是巡逻工作的重点，以下是几种常见可疑情况及处理方法。

三、业主（用户）未锁门的处理

（1）巡楼时逐间推拉各房门，检查有无锁好。一旦检查发现业主（用户）未锁门，应按门铃，有人开门则予以提醒。"先生（小姐），您好！打扰您了，为了您的财产安全，请您关好门，以防窃贼有机可乘！"

（2）如果室内无人，要报告班长，班长未到不得离开，不得让其他人士进入或私自进入业主（用户）室内检查。

（3）巡楼护卫员应掌握如图3-5所示的三个要点。

四、发现可疑爆炸物品的处理

（1）小心检查或仔细观察包装情况，侧耳倾听有无秒针滴答声，确定是否为爆炸物品。

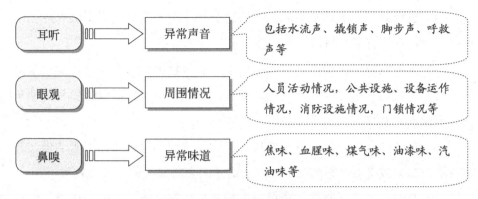

图3-5 巡楼护卫员应掌握的三个要点

（2）如确定属爆炸物品，应立即通知班长报警，由警方派专员前来处理，同时做好警戒疏散周围所有人员。

（3）如确认一时不可能爆炸，且用箱或桶等物品盛装的爆炸物品，可小心地拿到小区外围空阔地带放置，做好警戒疏散工作，待警方前来解除爆炸装置。

（4）如属正在燃烧的导火线装置的炸药包，应立即切断导火线；如属易于解除引爆装置的爆炸物品，立即小心解除引爆装置。

（5）查找并控制置放爆炸物品的嫌疑人员，交公安机关处理。

五、发现辖区车辆违规停放的处理

巡逻护卫员要仔细观察，随时注意小区内的车辆停放情况，及时发现车主（驾驶员）的违规停放行为，并立即进行制止。

（1）纠正违章时，要先敬礼，态度和蔼，说话和气，以理服人。

（2）对不听劝阻者要查清姓名、单位（住址）、去向、如实记录并向管理处汇报。

（3）对已经违反停放规定且车主不在的情况，及时通知监控中心或管理处，用对讲、电话通知车主（驾驶员）或其家属，迅速将车改停于规定位置上。

（4）在用对讲、电话联系无效的情况下，巡逻护卫员或保安班长应上门做好工作，进行说服，督促车主（驾驶员）及时纠正。

（5）如果私家车位被占，应根据停车场的车辆停放情况，可预留一个空车位给车位被占车主，并向车主（驾驶员）做好解释工作，以免影响其他车主（驾驶员）停车。

（6）对车主（驾驶员）将车停放在消防通道或强行占道，不听劝告，并造成消防隐患或交通严重阻塞的，应及时通知交警部门依法进行处置。

（7）若遇车主（驾驶员）醉酒或患病将车乱停乱放，应报告班长和管理处，立即采取措施，避免意外交通事故发生。

（8）对于不听劝告，蛮横无理，打骂护卫员的车主（驾驶员），应报告管理处，由管理处同车主（驾驶员）共同协商，妥善处理。若情节严重，应报告公安机关依法进行处理。

第二部分
Part two

物业消防管理

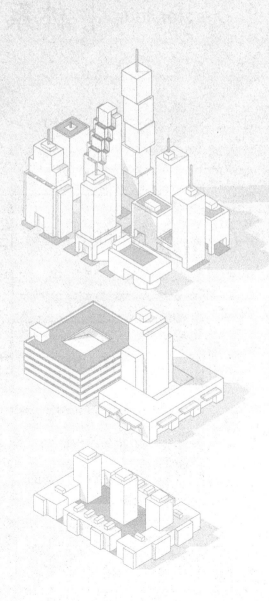

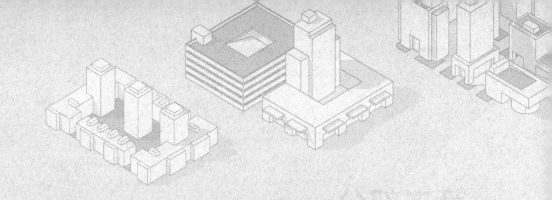

第四章
Chapter four
构建消防安全体系

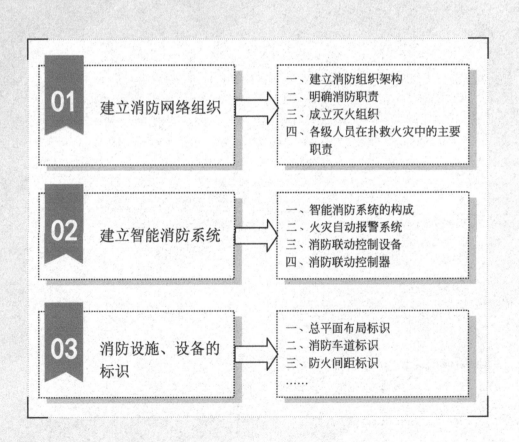

01 建立消防网络组织

一、建立消防组织架构
二、明确消防职责
三、成立灭火组织
四、各级人员在扑救火灾中的主要职责

02 建立智能消防系统

一、智能消防系统的构成
二、火灾自动报警系统
三、消防联动控制设备
四、消防联动控制器

03 消防设施、设备的标识

一、总平面布局标识
二、消防车道标识
三、防火间距标识
……

第一节　建立消防网络组织

人防、物防、技防、法规、宣传，围绕"五位一体"建立的物业消防安全机制，做好物业消防安全管理工作是物业管理的重中之重。物业消防安全体系的有效运行，关乎千家万户，是防范化解火灾风险的关键一环，是提高业主（用户）幸福感、安全感的重要手段。

一、建立消防组织架构

物业服务企业的消防管理部门一般从属于公司的安全保卫部门，即在秩序维护部设有消防班。但是实际上，消防工作并不是某一个部门的事，而是全公司的事。按照《中华人民共和国消防法》的规定，物业服务企业应建立自己的消防组织架构，专人做专事。

下面提供一份××物业公司消防组织结构图的范本，仅供参考。

范本

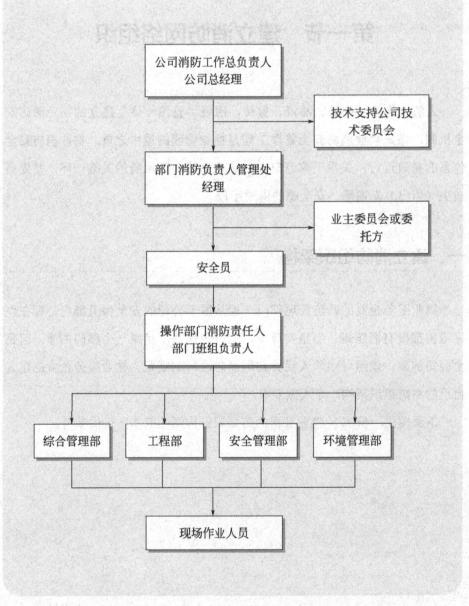

××物业公司消防组织结构图

二、明确消防职责

对于公司的各级人员——消防安全领导小组、消防兼职领导、消防中心、消防队员、志愿消防员等也都要明确其消防职责，并以文件的形式体现出来。

下面提供一份××物业公司住宅项目各级人员消防职责的范本，仅供参考。

■ 范本

物业项目各级人员的消防职责

序号	各级人员	消防职责
1	消防安全领导小组职责	（1）贯彻执行上级有关住宅区物业管理和工程施工一系列安全生产方针、法规、规定和技术规程及有关消防工作指示，建立健全和落实本行业的安全责任制，制定、发放公司安全生产管理制度，并组织实施 （2）督促检查公司各部门对本行业安全管理法规、规定、技术规程的执行情况及采取整改措施消除事故隐患、改善安全条件的实施情况，审定各部门改善劳动条件的规划和年度安全技术措施计划，全面研究安全管理工作，总结交流先进经验 （3）做好对员工进行安全生产法规、规定和技术规程的宣传教育工作，在发生伤亡事故和造成较大经济损失时，及时抢救，并负责善后处理结案等工作；按"事故原因分析不清不放过，事故责任者和群众没有受到教育不放过，没有制定出防范措施不放过""责任人员处理不放过"原则，严肃处理 （4）高度重视安全生产管理工作，认真贯彻"安全第一，预防为主"的方针，改善安全条件，消除事故隐患，在计划、布置、检查、总结评比生产时，同时计划、布置、检查、总结评比安全工作，以确保安全生产管理"五同时（同时计划、同时布置、同时检查、同时总结、同时评比）"的实施

续表

序号	各级人员	消防职责
1	消防安全领导小组职责	（5）公司法人代表是消防安全第一责任人，各部、室、管理处负责人是消防安全直接责任人，均须增强消防安全意识，强化管理，把该项工作落到实处，确保住宅区及施工现场实现安全生产、安全管理，从而全面提高管理服务质量
2	消防兼职领导	（1）直接向公司防火责任人负责，对公司所属各部、室、管理处进行消防安全检查、监督，传达公司有关消防安全工作的指令 （2）每月定期检查一次分级防火落实情况，发现隐患按"三定"（定措施、定负责人、定时限）的要求整改，并进行验证 （3）制定"防火安全评比制度"，增强各部、室、管理处消防意识 （4）制订培训计划，定期对公司员工进行集中培训及相关的演练 （5）检查各部、室、管理处消防设施、设备的维护和定期保养工作，对需整改、完善的场所和设备设施进行监督，检查验证 （6）在发生火灾时，应立即赶到火灾现场，组织、指挥人员进行灭火 （7）调查火灾事故原因，对因防火工作失职的人员进行通报，提出相关处理意见，报请公司安全领导小组处理 （8）定期向公司安全领导小组汇报有关消防工作情况，以及有关公司"防火管理制度"的实施状况，使公司防火工作在生产、管理中得以保证
3	消防中心	（1）认真学习并贯彻执行国家制定的各种消防法律、法规，掌握辖区内的实际情况，提高消防安全意识 （2）制定辖区各种防火安全制度，督促检查业户贯彻落实防火安全工作的情况 （3）负责检查辖区各部位的防火安全以及各种消防设备、灭火器材的配备情况，发现隐患及时督促相关部门整改 （4）负责调配补充消防灭火器材等设备，并定期进行消防设备检测、保养和维修等工作，及时排除消防设备故障 （5）负责24小时监视消防电脑主机，发现火警、火灾及其他问题，应立即向当值主管及经理报告，并提出处理方案 （6）负责制定辖区重点部位的灭火方案，负责辖区内用火部位安全监督

续表

序号	各级人员	消防职责
3	消防中心	（7）负责对辖区人员进行消防宣传教育 （8）积极组织专职消防人员定期检查消防设备和大厦各重点部位，如油库、厨房、公共场所的灭火器材装置，楼层消防屏蔽及报警，排烟系统、对讲系统，查看周围有无火种，防止火灾事故的发生 （9）重大节假日，组织人员进行安全大检查，发现火险隐患及时通知有关部门及业主进行整改，并将整改情况报告物业总经理和物业经理 （10）建立健全辖区的消防管理业务档案 （11）负责将每天辖区消防情况报告给部门经理 （12）负责处理消防中心值班时所发生的任何火灾、火情事故，并及时报告给有关领导
4	消防安全员	（1）向公司领导负责，定时向本部门辖区管理处主任、公司安全领导小组汇报安全生产规章制度的执行情况，针对辖区内的安全状况拟定防范措施、隐患整改方案报公司安全领导小组审批 （2）参与制定防止伤害、防止火灾、防止职业危害的措施，并督促实施辖区所属危险岗位、危险设备的安全操作规程 （3）经常对辖区内及施工现场住宅、用电、用气设施和电梯安全检查，发现事故隐患及时组织各专业人员处理，重大问题应以书面形式及时逐级上报，一旦发生事故应及时上报公司安全领导小组，并立刻组织现场抢救，参与伤亡事故的调查、处理和统计工作 （4）对于特种作业人员，严格按照国家劳动部颁发的《特种作业人员安全技术培训考核管理规定》持证上岗，严禁无证操作；督促相关人员取得"特种作业人员操作证"，特种作业人员定期复审，复审不合格的不准上岗 （5）协助公司安全领导小组对员工、业户的安全生产、安全管理做好培训、宣传、教育工作 （6）就辖区内住宅区及施工场地的安全情况，每季度向公司领导小组做一次书面汇报
5	各部门经理	（1）组织本部门员工认真贯彻执行上级有关防火措施 （2）在安排日常工作时，要向员工具体交代防火注意事项和规定，经常检查危险场所，并采取预防措施确保安全

续表

序号	各级人员	消防职责
5	各部门经理	（3）结合岗位工作，经常向员工和业户进行防火宣传，使其认真遵守防火规章制度 （4）经常组织消防安全检查，发现问题及时处理，并及时向主管部门领导报告 （5）组织员工熟悉并保管好消防设施和器材，管理好本部门的重点防火区域和部位 （6）发现火警要积极组织员工和业户撤离现场并即刻报警，扑救初起火灾
6	义务消防队员（管理处所有员工）	（1）志愿消防员要始终保持高度警惕、忠于职守，随时准备投入到消防战斗中 （2）学习消防知识，熟悉消防法规掌握责任区消防设备（施）基本功能、位置；各种灭火器具摆放点位及使用方法；手动报警器报警方法；消防疏散通道位置及疏通方法；破门救灾方法；消火栓、水龙带连接使用方法；紧急灭火程序 （3）落实消防法规；制止任何违反消防安全法规的行为；发现火险隐患迅速报告 （4）爱护消防设施（备），发现消防设施（备）遭破（损）坏，应立即报告消防控制中心进行处理 （5）积极参加管理处及公司组织的消防灭火训练，自觉接受相关业务培训 （6）积极参加灭火战斗，树立不怕吃苦、不怕牺牲、连续作战的作风，抢救、疏散受灾人员及物资 （7）灭火过程中必须坚决服从命令、听从指挥、维护火场秩序、保护火灾现场；同时保护自身安全 （8）积极参加消防安全宣传教育活动，提高全员防火意识

三、成立灭火组织

物业服务企业灭火的组织结构一般是"一部、六组"模式，即指挥部、灭火行动组、疏散引导组、通信联络组、安全防护组、救护组和后勤保障组。不同类型的物业，各组的组成人员须根据具体情况来定。

下面提供一份××物业公司灭火组织结构的范本，仅供参考。

■ 范本

××物业公司灭火组织结构

结构形式		人员组成及职责
一部	指挥部	总指挥：总经理 副总指挥：副总经理 指挥部办公室负责人：秩序维护部经理 成员：综合办公室主任、机电维修部经理、客物部经理、中控室主管、秩序维护部主管
六组	灭火行动组	由秩序维护部20人担任 负责人：秩序维护部带班主管、护卫班长为义务消防队队长 职责：扑灭火灾和防止火势蔓延
	疏散引导组	各客户行政负责人25人，客物部4人 负责人：客物部带班经理、各客户主管行政负责人 职责：引导客户从消防安全通道疏散到安全地方，避免拥挤损伤
	通信联络组	中控室1人，着火单位通信联络人2人 负责人：中控室主管、客户行政负责人、秩序维护部 职责：保证各组与指挥部的通信联络及情况的反馈
	安全防护组	秩序维护部5人 负责人：由秩序维护部主管负责 职责：守护大厦各个出口，防止坏人进行破坏
	救护组	机电维修部综合维修4人、综合办公室2人、财务部2人 负责人：综合办公室主任 职责：救护受伤人员
	后勤保障组	机电维修部10人 负责人：机电维修部带班经理或主管 职责：提供水、供火场用灭火器、断电及抢险工具等

四、各级人员在扑救火灾中的主要职责

物业项目责任区内一旦发生火灾，管理处经理、秩序维护主管及班组负责人应迅速赶赴现场，切实履行职责，组织、指挥或参加灭火抢险战斗，各级人员在扑救火灾中的主要职责如表4-1所示。

表4-1　各级人员在扑救火灾中的主要职责

序号	各级人员	消防职责
1	管理处经理	（1）负责组织、指挥本单位员工进行灭火救人工作 （2）接到火灾消息后，立即赶到消防监控中心或着火现场组织灭火救人工作 （3）组织火情侦察，掌握火灾态势，确定火场主要危险，有效组织抢险力量。根据救人、灭火现场情况，果断发出通知并组织人员疏散或报告公安消防部门的命令 （4）向各部门、班组明确下达启动风机、供水和救人、灭火、疏散物资的命令，并密切关注命令执行情况和火灾发展态势 （5）当公安消防队到达现场时，立即向带队指挥员报告情况，服从其统一指挥调度，全力协同作战
2	秩序维护主管	（1）在灭火过程中，秩序维护主管须当好管理处经理的参谋与助手，无条件执行管理处经理的命令，并负责具体的组织与实施 （2）组织力量严密监视火势的发展，及时向管理处经理报告火场变化情况，提出相应的对策建议 （3）正确传达管理处经理的战斗命令，并注意跟踪检查，及时向管理处经理反馈执行情况 （4）组织火场警戒工作组织现场救护工作 （5）组织现场的清扫与保护工作 （6）当管理处经理不在现场时，由秩序维护主管代行管理处经理职责
3	消防控制中心值班员	（1）发现或接到火警信号后，立即通知当班巡逻员前往报警点查验 （2）火灾确认后，立即发出警报，随后迅速向管理处经理报告。同时通知消防队员紧急赶赴现场扑救 （3）根据管理处经理的命令，执行播报程序、消防设备启动程序，向各部门、班组和相关人员通报火灾情况，向公安消防部门报警检查通信设备，保持联络畅通 （4）负责现场与消防控制中心之间、火场指挥员与各班组长之间的通信联络工作，传达命令，通报情况做好火场记录

序号	各级人员	消防职责
4	维修班长	（1）负责指挥全班做好火场灭火战斗保障工作 （2）保证持续供水 （3）保证防、排烟机械设备的正常启动运行迅速切断火灾现场的电源，关闭客梯和煤气阀 （4）根据火场需要，及时组织并持续供应灭火器材负责重要设备的保护与疏散工作
5	各班（组）负责人	（1）当责任区域发生火灾时，组织指挥本班（组）员工投入灭火救人工作 （2）当公司其他管理处发生火灾，接到支援的命令时，立即带领班（组）员工携带灭火器材，奔赴现场协同作战 （3）进行火警侦察。确认着火后，立即报告消防控制中心，迅速采取救人灭火和保护、疏散物资的措施 （4）确定水枪阵地、使用灭火器材和清除遮挡物的地点和范围 （5）向本班（组）和前来支援的班（组）下达战斗命令，检查执行情况 （6）根据火场态势及时调整力量部署组织人员做好排烟工作 （7）确定需要疏散的重要物资、设备，向火场指挥员提出疏散物资的工具、技术力量的需求，并按照分工具体组织实施 （8）确定疏散人员的安全出口和疏散路线，组织人员引导、护送群众有秩序地撤离危险区域，逐房检查有无遗漏的（老、弱、病、残、幼等）人员 （9）接待并安置好从上层疏散下来的群众 （10）当火场发生意外情况，来不及请示时，立即采取相应的紧急措施，事后及时向管理处经理报告 （11）采取有效保护措施，避免人员伤亡
6	员工	（1）坚守岗位，听从指挥。明确自己和本班（组）的战斗任务，坚决执行命令 （2）当接到火警信号而班组长又不在时，应自动携带灭火器材赶赴着火现场，迅速投入到灭火战斗中 （3）组织人员疏散时，必须逐房检查，防止疏漏 （4）组织群众自救时，要尽力稳定自救人员情绪，做好保护工作 （5）为自救人员准备好救生器材，防止轻生或自伤事故的发生 （6）使用水枪时，要注意利用掩蔽物体，尽量接近火源，充分发挥水枪的作用，禁止盲目射水，避免水源损失 （7）在灭火过程中，要正确使用消防器材，并注意保护自身安全

第二节　建立智能消防系统

智能消防系统是指火灾探测器探测到火灾信号后，能自动切除报警区域内有关的空调器，关闭管道上的防火阀，停止有关换风机，开启有关管道的排烟阀，自动关闭有关部位的电动防火门、防火卷帘门，按顺序切断非消防用电源，接通事故照明及疏散标志灯，停运除消防电梯外的全部电梯，并通过控制中心的控制器，立即启动灭火系统，进行自动灭火。

一、智能消防系统的构成

智能消防系统主要由三大部分组成，第一部分为感应机构，即火灾自动报警系统；第二部分为执行机构，即灭火控制系统（消防灭火系统）；第三部分为避难诱导系统（后两部分也称为消防联动系统），如图4-1所示。

二、火灾自动报警系统

火灾自动报警系统是人们为了早期发现通报火灾，并及时采取有效措施，控制和扑灭火灾，而设置在建筑物中或其他场所的一种自动消防设施。

火灾自动报警系统由触发装置、火灾报警装置、火灾警报装置以及具有其他辅助功能的装置组成，如图4-2所示。

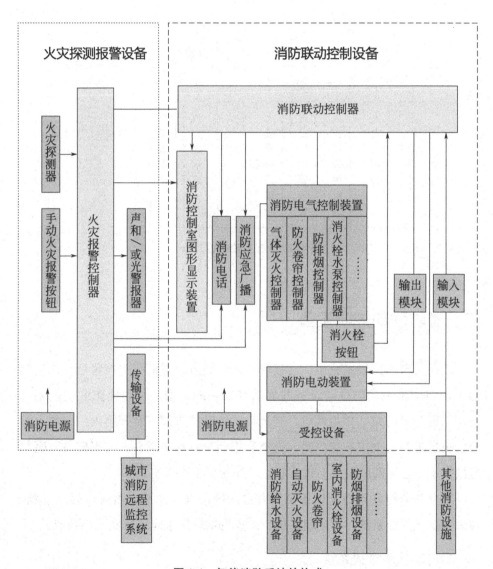

图4-1 智能消防系统的构成

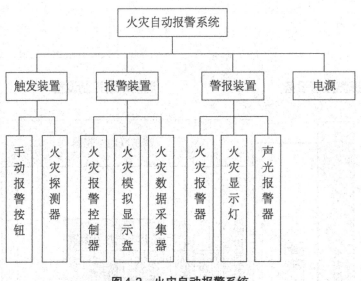

图4-2　火灾自动报警系统

三、消防联动控制设备

在火灾自动报警系统中，当接收到来自触发装置的火灾报警后，能自动或手动启动相关消防联动设备并显示其状态的设备，称为消防联动控制设备。主要对消防泵、排烟风机、送风机、电动防火阀、常开防火门、防火卷帘、电梯迫降、火灾应急广播、火灾警报装置、消防通信、火灾应急照明与疏散指示标志等消防设施控制其动作，并显示工作状态。

常见的消防联动控制设备主要有自动喷水灭火系统、消火栓灭火系统、防火卷帘（门）系统、防排烟系统、火灾应急广播系统、电梯迫降系统。

1. 自动喷水灭火系统

自动喷水灭火系统分为湿式自动喷水灭火系统和干式自动喷水灭火系统两种，如表4-2所示。

表4-2　自动喷水灭火系统的分类及特点

序号	类型	特点
1	湿式自动喷水灭火系统	湿式自动喷水灭火系统是自动喷水灭火系统中最基本的系统形式，在实际工程中最常见。其具有结构简单，施工、管理方便，灭火速度快，控火效率高，建设投资和经常管理费用省，适用范围广等优点，但使用受到温度的限制，适用于环境温度不低于4℃且不高于70℃的建（构）筑物
2	干式自动喷水灭火系统	干式自动喷水灭火系统不受低温和高温的影响，也适用于室温低于4℃及高于70℃的场所。但由于干式灭火系统，在平时管道内不充水，灭火时，排出气体后才能喷水灭火，故灭火速度较慢，不宜用于燃烧速度快的场所

2.消火栓灭火系统

消火栓灭火系统分为室外消火栓系统和室内消火栓系统，如表4-3所示；室内消火栓如图4-3所示。

表4-3　消火栓灭火系统的分类及特点

序号	类型	特点
1	室外消火栓系统	室外消火栓是设置在室外消防给水管网或市政管网上的供水灭火设施，主要供消防车取水实施灭火，也可以连接水带、水枪直接出水灭火。 室外消火栓是一个城市或一个建筑小区的公共消防基础设施，当建筑出现火灾等情况下，消防车可以从室外消火栓接水给建筑灭火。 室外消火栓的给水管网一般成环状布置（室外消防用水量不大于15升/秒时，可布置成枝状管网），与室外生产、生活给水管道合并使用。环状管网时进水管不小于两条，宜从两条市政给水管道引入。室外管线最小直径不应小于DN100。管网最高点处设置自动排气阀。 室外消火栓按安装形式又可分为地上式消火栓和地下式消火栓。地上式消火栓安装在地上，操作方便，但易被碰撞，易受冻，南方地区广泛采用。地下式消火栓防冻效果好，但需要建较大的地下井室，且使用时要到井内接水

续表

序号	类型	特点
2	室内消火栓系统	室内消火栓灭火系统是最实用和普遍的室内固定灭火系统，是扑救火灾的重要消防设施之一。主要包括以下部分：消防给水基础设施、消火栓给水管网、水泵接合器、消火栓箱及系统附件等。 室内消火栓灭火系统的消火栓给水管网是独立的，不与其他用水设施或消防设施共用，按相关规范要求，消火栓给水管网一般成环状布置，以确保供水的可靠性

图4-3　室内消火栓

3.防火卷帘（门）系统

防火卷帘（门）是防火分隔物，有隔火、阻火、防止火势蔓延的作用。

（1）防火门。防火门平时处于开启状态，门任一侧的火灾探测器报警后，防火门应自动或手动关闭；防火门关闭信号应送到消防控制室。

（2）防火卷帘。疏散通道上的防火卷帘两侧，应设置火灾探测器组及其报警装置，且两侧应设置手动控制按钮，让部分未撤离火灾现场的人通过。

? 小提示

防火卷帘一般采用电动卷帘。为了保证卷帘的耐火性能，在卷帘两侧要装喷水装置进行喷水降温。

4.防排烟系统

烟气具有毒害性、减光性、恐怖性等特点，危害大。大量火灾表明，烟气是导致建筑火灾人员伤亡最主要原因，建筑物内设置防排烟系统，主要有图4-4所示的三个作用。

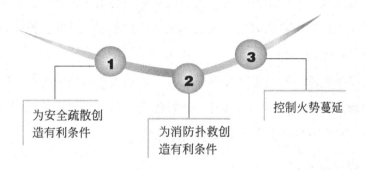

图4-4　设置防排烟系统的作用

防排烟系统分为防烟系统和排烟系统，如表4-4所示。

表4-4　防排烟系统

序号	类型	特点
1	防烟系统	防烟系统是指采用机械加压送风方式或自然通风方式，防止建筑物发生火灾时烟气进入疏散通道和避难所的系统。加压防烟是用风机把一定量室外空气送入房间或通道内，使室内保持一定压力，以避免烟气侵入。 当门关闭时，房间内保持一定正压值，空气从门缝或其他缝隙流出，防止了烟气的侵入。 当门开启的时候，送入加压区的空气以一定的风速从门洞流出，防止烟气的流入

续表

序号	类型	特点
2	排烟系统	排烟系统是指采用机械排烟方式或自然通风方式，将烟气排至建筑物外，控制建筑物内的有烟区域保持一定能见度的系统。在有中央通风、空调系统的建筑物中，可以利用通风空调系统进行排烟和送入新风

5.火灾应急广播系统

火灾应急广播系统是消防系统中的重要的安全设备，起着组织火灾区域人员安全、有序地疏散和指挥灭火的作用。目前广泛采用的是消防应急广播与建筑内服务性广播合用的系统。火灾时应能在消防控制室将火灾疏散层的扬声器和公共广播扩音机强制转入火灾应急广播状态，并能监控扬声器及扩音机的工作状态。

火灾广播系统一般与正常广播系统合一，通过控制模块进行切换。平时可以用于播放音乐、新闻、通知等；当发生火灾时，广播系统被切换到消防广播中心，发出警报并指挥人员撤离。

6.电梯迫降系统

（1）在消防中心设有电梯运行盘或电梯迫降按钮，平时显示电梯运行状态。

（2）当消防中心的控制装置接收到火灾报警信号时，发出声、光报警；在确认真的有火情时，消防值班人员操作钥匙开关或密码，启动电梯迫降按钮，强制将正处于运行状态的电梯迫降到底层，从而将具有消防功能的电梯转化为消防电梯。

（3）电梯的动作信号反馈给消防中心的报警控制装置，控制装置上的电梯迫降显示灯亮。

（4）当把电梯系统设置了输出模块，并于电梯控制盘相接后，发生火灾时，主机将按照预先编制的软件程序指令相应的输出模块动作，通知电梯控制盘，电梯迫降到底层。

> **❓ 小提示**
>
> 建筑物内消防电梯的多少是根据建筑物的层建筑面积来确定的。当层建筑面积不超过1500平方米时，设置一部消防电梯；层建筑面积在1500～4500平方米时，需设置两部消防电梯；当层建筑面积大于4500平方米时，应设置三部消防电梯。

四、消防联动控制器

对于小型、简单的建筑场所，仅有报警没有联动控制功能的火灾自动报警就可满足消防保护的要求。这类火灾自动报警系统一般由火灾报警控制器、火灾探测器、手动报警按钮、声光警报器构成。

而对于大型复杂的建筑场所，由于疏散困难、报警区域大、灭火设备多，需要监控的建筑消防设施不仅有报警功能的各类火灾探测器，还应包括有关的消防联动控制装置。

消防联动控制器就是监视和控制有关消防联动控制装置的火灾报警控制装置。消防联动控制装置主要为三类，包括火灾应急广播和消防电话等疏散装置，卷帘门控制器、防火门、新风排烟控制装置等限制火势装置，消火栓、各种自动灭火控制装置等灭火控制装置。

1.消防联动控制器的功能

消防联动控制器的主要功能如表4-5所示。

表4-5 消防联动控制器的主要功能

序号	主要功能	具体说明
1	接收报警功能	控制器能接收火灾报警控制器或其他火灾触发器件发出的火灾报警信号，发出火灾报警声、光信号
2	现场编程功能	按照设计的预定逻辑编制各种联动公式

续表

序号	主要功能	具体说明
3	控制功能	按照预定的控制逻辑直接或间接控制其连接的各类受控消防设备，并接收联动控制装置反馈信号
4	故障报警功能	当控制器内部、控制器与其连接的部件间发生故障时，控制器能在100秒内发出与火灾报警信号有明显区别的故障声、光信号
5	屏蔽功能	控制器具有对模块等设备进行单独屏蔽、解除屏蔽操作功能
6	自检功能	控制器能手动检查其面板所有指示灯（器）、显示器的功能
7	信息显示与查询功能	控制器信息显示按火灾报警、监管报警及其他状态顺序由高至低排列信息显示等级，高等级的状态信息优先显示，低等级状态信息显示不应影响高等级状态信息显示，显示的信息与对应的状态一致且易于辨识。当控制器处于某一高等级状态显示时，能通过手动操作查询其他低等级状态信息，各状态信息不交替显示
8	电源功能	控制器的电源部分具有主电源和备用电源转换装置。当主电断电时，能自动转换到备用电源

2.消防联动控制器的分类

对消防联动控制器的分类，按连线方式可分为多线制消防联动控制器、总线制消防联动控制器、火灾报警控制器（联动型）三种；按结构形式可分为壁挂式、琴台式、柜式消防联动控制器三种，如表4-6所示。

表4-6 消防联动控制器的分类

种类		具体说明
按连线方式分类	多线制消防联动控制器	消防联动控制器与被控设备之间采用多线制连接方式（连接采用硬线一一对应方式）。多线制消防联动控制器一般操作简单、安全可靠，适用于外控设备数量少或者要求高可靠性的重要外控设备。国内早期消防联动控制器多采用多线制方式，但随着外控设备数量增加，智能探测技术发展，现基本被总线制消防联动控制器取代

续表

种类		具体说明
按连线方式分类	总线制消防联动控制器	消防联动控制器与被控设备之间采用总线制连接方式。控制模块与控制器之间连线采用总线方式，并联或串联在总线上的控制模块与控制器采用总线通信方式进行信息传递，每个控制模块均有编码地址。总线制消防联动控制器适用于大型火灾自动报警系统，布线简单，调试方便。在国内，总线制消防联动控制技术是发展趋势
	火灾报警控制器（联动型）	火灾报警控制器（联动型）集报警和联动控制于一体，从而实现手动或自动联动、跨区联动、设置防火区域，使火灾报警与消防联动控制达到最佳的配合。火灾报警控制器（联动型）集成度高、联动控制灵活、布线简单、调试方便、适合范围广。在国内，现在基本采用了火灾报警控制器（联动型）作为消防联动方式
按结构形式分类	壁挂式消防联动控制器	采用壁挂式机箱结构，适合安装在墙壁上，占用空间较小。其相连的被控设备回路较少一些，控制功能较简单。一般多线制消防联动控制器、区域型或集中区域兼容型火灾报警控制器（联动型）常采用这种结构
	琴台式消防联动控制器	采用琴台式结构，回路较多，联动控制较复杂，操作使用方便。内部电路结构大多设计成插板组合式，带载容量较大，操作使用方便。一般常见于总线制消防联动控制器、集中火灾报警控制器（联动型）
	柜式消防联动控制器	采用立柜式结构，回路较多，内部电路结构大多设计成插板组合式，带载容量较大，操作使用方便，但柜式结构占用面积小。一般常见于总线制消防联动控制器、集中型或集中区域兼容型火灾报警控制器（联动型）

第三节　消防设施、设备的标识

　　物业管理区域内消防设施、设备标志，由管理室处分别负责管理。物业服务企业须按照消防规范要求，配备各种消防设备、设施标志，并将其安装在合适、醒目的位置上。各种标志不得随意挪作他用，责任部门应按每月进行全面普查的规定认真落实，保证各种标志的完好性。

一、总平面布局标识

1.标识内容

在单位总平面图上标明消防水源（天然水源、单位室外消火栓及可利用的市政消火栓）、水泵接合器、消防车通道、消防安全重点部位、安全出口和疏散路线、主要消防设施位置、建筑消防设施消防标识图例等内容。

设有专职消防队的单位还应标明专职消防队及车辆位置、特殊灭火剂储存位置及储量等内容。

对多层公众聚集场所还应当每层设置平面布局标识，着重标明本层疏散路线、安全出口、室内消防设施位置等内容。宾馆、饭店等住宿场所的房间内设施消防安全疏散示意图，如图4-5所示。

图4-5　某小区消防通道平面示意图

2.设置位置

物业区域内主要出入口附近等醒目位置，且材料采用荧光膜。

3.标识规格

总平面布局标识设置在室内的，标识设置面积不应小于1平方米，设置在室外的，标识设置面积不应小于1.5平方米；楼层布局标识设置面积不应小于0.35平方米。

二、消防车道标识

（1）标识内容："消防车道，严禁占用"字样。

（2）设置位置：消防车道地面上或临近建筑相邻的墙面上，应与消防车道同宽，材料采用荧光漆涂刷。

三、防火间距标识

（1）标识内容："此处××米内为防火间距，严禁占用"字样。

（2）设置位置：与邻近建筑相邻的墙面或地面上，应与防火间距同宽，材料采用荧光漆涂刷。

四、认识标识

（1）标识内容：根据规范要求标明消防器材、设施名称及所在位置。

（2）设置位置：可在消防器材、设施上或其上方、侧方设置。

五、操作使用标识

1.标识内容

根据规范要求标明使用方法、操作空间及维护责任人、检查维护时间等内容。消火栓、防火卷帘门等消防设施操作场地易被埋压、圈占的部位必须标明操作场地。

2.设置位置

可在消防器材、设施上或其上、侧方设置，也可与消防设施认知标识一并设置。

3.标识规格

标识设置面积不应小于0.05平方米，不应大于0.1平方米。

4.消防设施器材标识图例

（1）火灾自动报警系统标识图例：火灾自动报警系统、火灾探测器、手动报警按钮、主报警控制器、区域报警控制器、消防联动控制柜、消防通信、火灾事故广播。

（2）自动喷水灭火及室内消火栓系统标识图例：消防水池、消防水箱、消火栓泵、喷淋泵、稳压增压泵、气压泵、湿式报警阀、预作用阀、干式阀、干湿两用阀、雨淋阀、减压阀组、喷头、消防管道、消防泵、喷淋泵、控制柜、稳压泵、增压泵、水喷淋末端放水装置、室内消火栓、消防水喉、室外消火栓、水泵结合器；消防给水管道各阀门启闭标识。

（3）防排烟及通风空调系统标识图例：送风机、排烟机、送风口、排烟口、前室或合用前室、走廊、大厅排烟口、中庭排烟口、地下排烟口、送风管道、排烟管道、排烟防火阀、正压送风机、机械排烟风机。

（4）防火卷帘、防火门设施标识图例：防火卷帘门、易熔合金、防火卷帘门的联动控制装置、电动防火门、钢制或木质防火门、挡烟垂壁。

（5）气体灭火系统标识图例：灭火剂储存容器、储瓶间、喷嘴、防护区、管道、主报警控制器功能、灭火控制器（柜）、防护区声光报警器、气体释放指示灯、防护区。

（6）消防电源控制柜侧方应设置认知和操作使用标识。

（7）灭火器材标识图例：灭火器设置点、灭火器材箱、火灾警报装置、室内消火栓、室外消火栓。

六、建筑自动消防设施管理标识

（1）标识内容：系统（设施）名称、生产厂家、型号、安装单位、安装时间、维保单位等内容。

（2）设置位置：消防控制室墙面醒目位置。

（3）标识规格：标识设置面积不应小于0.35平方米。

七、消防安全疏散标识

1.疏散指示标识

（1）标识内容：疏散指示。

（2）设置位置：疏散指示标识应根据国家法律法规、消防技术标准设置在安全出口、疏散通道的上方、转角处及疏散走道1米以下的墙面上，并应采用符合法律规定的灯光疏散指示标志、安全出口标志，标明疏散方向、疏散宽度。

2.疏散警示标识

（1）标识内容："禁止锁闭""禁止堵塞""提示性禁行"等内容。

（2）设置位置：单位安全出口、疏散楼梯、疏散走道应设置疏散警示标识，标明"禁止锁闭""禁止堵塞"等警示性内容。火灾时禁用的出口、楼梯、电梯应设置提示性禁行标志。

（3）标识规格：标识设置面积不应小于0.05平方米，不应大于0.1平方米。

八、危险场所安全警示标识

（1）标识内容：标示出危险物品名称或禁止事项。

（2）设置位置：设置于放置危险物的危险场所。

（3）标识规格：标识设置面积不应小于0.05平方米，不应大于0.1平方米。

九、消防安全管理规程标识

（1）标识内容：消防安全管理规程，操作程序等。

（2）设置位置：墙面上醒目位置。

（3）标识规格：标识设置面积不应小于0.35平方米。

十、消防宣传标识设置

1.消防安全法规标识

（1）标识内容：《中华人民共和国消防法》《机关、团体、企业、事业单位消防安全管理规定》《人员密集场所消防安全工作通告》等消防法律法规、消防安全规定。

（2）设置位置：人员密集场所大门前、主要疏散通道或者人员聚集部位。

（3）标识规格：标识设置面积不应小于0.35平方米。

（4）制作要求：可利用电子屏、固定宣传版面等方式设置。

2.消防职责制度标识

（1）标识内容：消防安全管理承诺内容或单位规定制度、岗位消防安全职责等。

（2）设置位置：重点部位、重要场所、生产岗位、消防办公室的墙面上及公众聚集场所的主要疏散通道上。

（3）标识规格：标识设置面积不应小于0.35平方米。

3.消防安全常识标识

（1）标识内容：宣传单位安全生产经营理念的标语口号、公共场所防火事项、火灾报警、安全疏散、逃生自救常识等。

（2）设置位置：单位重点部位、重要场所、生产岗位及人员密集场所的主要疏散通道、人员聚集部位等适当的位置。

（3）标识规格：标识设置面积不应小于0.35平方米。

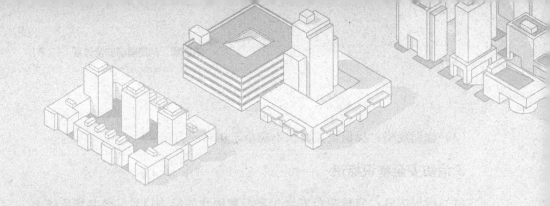

第五章

Chapter five

进行消防安全宣传

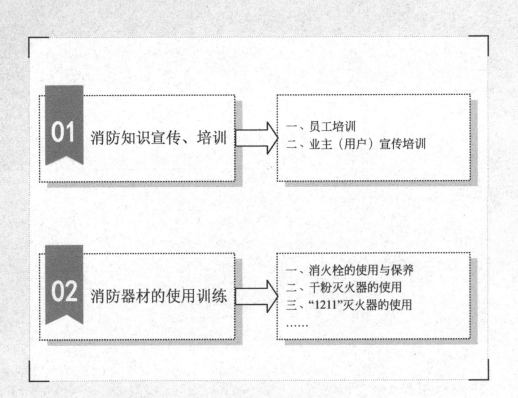

01 消防知识宣传、培训 ➡ 一、员工培训
二、业主（用户）宣传培训

02 消防器材的使用训练 ➡ 一、消火栓的使用与保养
二、干粉灭火器的使用
三、"1211"灭火器的使用
……

第一节 消防知识宣传、培训

消防宣传、培训非常重要，而且应是物业服务企业常年要进行的工作。只有做好宣传、培训，让员工、业主和住户充分地了解消防安全、学会常规的消防知识，才有可能做到消防安全有保障。

一、员工培训

加强对员工的消防安全教育培训，提高火灾应急处置能力。各管理处除应定期组织所有员工进行灭火演练外，还应定期组织员工进行防火和灭火知识教育，使全体人员都掌握必要的消防知识，做到会报警、会使用灭火器材，会组织群众疏散和扑救初起火灾。对于新员工，上岗前必须进行消防安全培训，合格后方可上岗。

员工消防培训操作程序为：

（1）明确授课人，由人力资源部指派。

（2）选择授课地点，确定授课时间。

（3）明确授课内容：防火知识、灭火常识、火场的自救与救人、灭火的基本方法与原则。

（4）组织参加学习人员考核。

（5）考试结果存档备案、总结。

二、业主（用户）宣传培训

1.消防宣传

可通过广播、墙报、警示牌等多种形式，向业主（用户）宣传消防知识，营造起消防安全人人有责的良好氛围。

2.定期组织培训

（1）通知。管理处须定期组织业主（用户）进行消防知识的培训工作。可预先发通知，并进行跟催确认。

（2）培训内容。消防管理有关法律法规、防火知识、灭火知识、火场的自救和救人、常用灭火器的使用与管理、公司所制定的《消防管理规定》《业主/住户安全责任书》《安全用电、用水、管道燃气管理规定》《消防电梯使用规定》等。

（3）培训记录。在组织各位业主（用户）参加消防培训时，一定要做好相关记录，以显示消防培训的严肃性。物业管理人员在做记录时可以参考表5-1的格式。

表5-1　培训记录

部门：			培训日期、时间：		
培训主持人：			培训地点：		
培训内容：					
培训效果：					
签到栏	姓名	单位	姓名	单位	姓名	单位

3.考核与备档

培训结束后，应组织参加人员考核，并将试卷立档备案、总结。

第二节　消防器材的使用训练

物业管理处所有员工都应熟悉和掌握常用消防设备与器材的使用和维护，应确保其灵敏有效。护卫员在日常巡逻过程中，应对公共区域内的消防器材进行例行检查并做好记录，严加管理，防止人为破坏。各管理部门人员在物业管理区域工作时应注意对消防器材的保护，若发现缺失、损坏应及时通知秩序维护部。

一、消火栓的使用与保养

室内消火栓是在建筑物内部使用的一种固定灭火供水设备，它包括消火栓及消火箱。一般都设置在建筑物公共部位的墙壁上，有明显的标志，内有水龙带和水枪。

1.消火栓的使用

当发生火灾时，找到离火场距离最近的消火栓，打开消火栓箱门，取出水带，将水带的一端接在消火栓出水口上，另一端接好水枪，拉到起火点附近后方可打开消火栓阀门，当消防泵控制柜处于自动状态时直接按动消火栓按钮启动消防泵。当消防泵控制柜处于手动状态时应及时派人到消防泵房手动启动消防泵，如图5-1所示。

2.消火栓的日常维护保养

维护和保养室内消火栓应注意：

（1）定期检查消火栓是否完好，有无生锈现象。

（2）检查接口垫圈是否完整无缺。

（3）消火栓阀门上应加注润滑油。

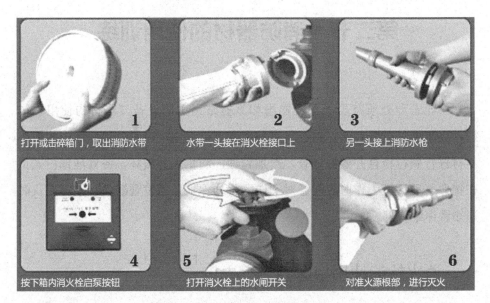

图5-1 消火栓的使用方法图示

（4）定期进行放水检查，以确保火灾发生时能及时打开放水。

（5）灭火后，要把水带洗净晾干，按盘卷或折叠方式放入箱内，再把水枪卡在枪夹内，关好箱门。

（6）要定期检查卷盘、水枪、水带是否损坏，阀门、卷盘转动是否灵活，发现问题要及时检修。

（7）定期检查消火栓箱门是否损坏，门是否开启灵活，水带架是否完好，箱体是否锈死。发现问题要及时更换、修理。

❓ 小提示

定期对消火栓例行保养时还应进行排水操作检查，一方面确定消火栓是否启闭有效，水压水量是否符合正常范畴。另一方面在配水管网上也要通过消火栓排水起到改善管网水质的目的。在实施消火栓排水工作中，为确保排水质量效果和防止管网二次污染，排水时应采取接软管将水排至雨水井内。

二、干粉灭火器的使用

干粉灭火器最常用的开启方法为压把法，将灭火器提到距火源适当距离后，先上下颠倒几次，使筒内的干粉松动，然后让喷嘴对准燃烧最猛烈处，拔去保险销，压下压把，灭火剂便会喷出灭火。另外还可用旋转法。开启干粉灭火器时，左手握住其中部，将喷嘴对准火焰根部，右手拔掉保险销，顺时针方向旋转开启旋钮，打开储气瓶，滞时 1 ～ 4 秒，干粉便会喷出灭火，如图 5-2 所示。

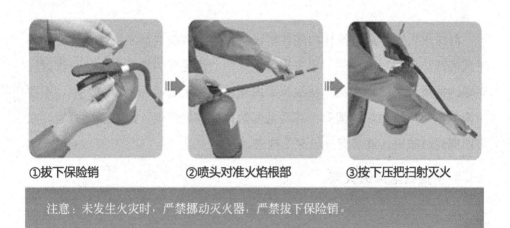

①拔下保险销　　　②喷头对准火焰根部　　　③按下压把扫射灭火

注意：未发生火灾时，严禁挪动灭火器，严禁拔下保险销。

图5-2　干粉灭火器的使用方法说明

三、"1211"灭火器的使用

使用"1211"灭火器时，首先撕下铅封、拔掉保险销，然后在距火源 1.5 ～ 3 米处，将喷嘴对准火焰的根部，用力按下压把，压杆就将密封开启，"1211"灭火剂就在氮气压力作用下喷出，松开压把，喷射中止。如遇零星小火，可采取点射方法灭火，如图 5-3 所示。

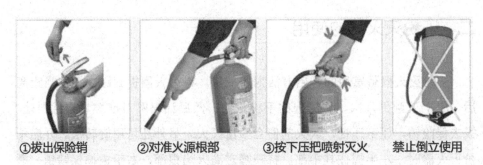

①拔出保险销　　②对准火源根部　　③按下压把喷射灭火　　禁止倒立使用

图5-3　"1211"灭火器的使用

四、泡沫灭火器的使用

泡沫灭火器是通过筒体内酸性溶液与碱性溶液混合后发生化学反应，将生成的泡沫压出喷嘴，喷射出去进行灭火的。若是罐内液体燃烧，扑救时应朝罐内的罐壁上喷射泡沫，使泡沫顺内壁自动流淌到液面上覆盖火焰，不要用泡沫直接冲击燃烧的液面；若是地面散落液体物燃烧，应从近处开始，左右两侧同时喷射，逐步向火场深处推进。

1.手提式泡沫灭火器

适用于扑救一般B类火灾，如油制品、油脂等火灾，也可适用于A类火灾，但不能扑救B类火灾中的水溶性可燃、易燃液体的火灾，如醇、酯、醚、酮等物质火灾；也不能扑救带电设备及C类和D类火灾，如图5-4所示。

手提式泡沫灭火器的使用方法如下：

（1）可手提筒体上部的提环，迅速奔赴火场。这时应注意不得使灭火器过分倾斜，更不可横拿或颠倒，以免两种药剂混合而提前喷出。

（2）当距离着火点10米左右，即可将筒体颠倒过来，一只手紧握提环，另一只手扶住筒体的底圈，将射流对准燃烧物。

（3）在扑救可燃液体火灾时，如已呈流淌状燃烧，则将泡沫由远到近喷射，使泡沫完全覆盖在燃烧液面上；如在容器内燃烧，应将泡沫射向容器的

图5-4 手提式泡沫灭火器

内壁，使泡沫沿着内壁流淌，逐步覆盖着火液面。

（4）切忌直接对准液面喷射，以免由于射流的冲击，反而将燃烧的液体冲散或冲出容器，扩大燃烧范围。

（5）在扑救固体物质火灾时，应将射流对准燃烧最猛烈处。灭火时随着有效喷射距离的缩短，使用者应逐渐向燃烧区靠近，并始终将泡沫喷在燃烧物上，直到扑灭。

（6）使用时，灭火器应始终保持倒置状态，否则会中断喷射。

❓ 小提示

（手提式）泡沫灭火器存放应选择干燥、阴凉、通风并取用方便之处，不可靠近高温或可能受到暴晒的地方，以防止碳酸分解而失效；冬季要采取防冻措施，以防止冻结；并应经常擦灰、疏通喷嘴，使之保持通畅。

2.推车式泡沫灭火器

其适用的火灾与手提式化学泡沫灭火器相同。使用方法：

（1）使用时，一般由两人操作，先将灭火器迅速推拉到火场。

（2）在距离着火点10米左右处停下，由一人施放喷射软管后，双手紧握喷枪并对准燃烧处；另一个则先逆时针方向转动手轮，将螺杆升到最高位置，使瓶盖开足，然后将筒体向后倾倒，使拉杆触地，并将阀门手柄旋转90度，即可喷射泡沫进行灭火。

（3）如阀门装在喷枪处，则由负责操作喷枪者打开阀门。

> **❓ 小提示**
>
> 推车式泡沫灭火器灭火方法及注意事项与手提式化学泡沫灭火器基本相同，可以参照。由于该种灭火器的喷射距离远，连续喷射时间长，因而可充分发挥其优势，用来扑救较大面积的储槽或油罐车等处的初起火灾。

五、二氧化碳灭火器的使用

二氧化碳灭火器是充装液态二氧化碳，利用汽化后的二氧化碳气体进行灭火的。使用手轮式二氧化碳灭火器时，应手提提把，翘起喷筒将喷嘴对准火源，打开启闭阀，即可喷出二氧化碳。

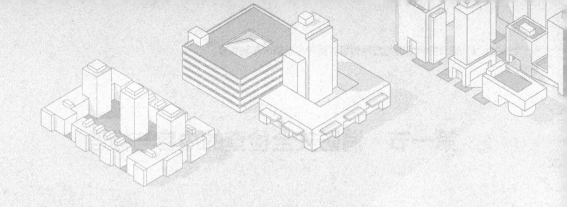

第六章 | 开展消防安全检查
Chapter six |

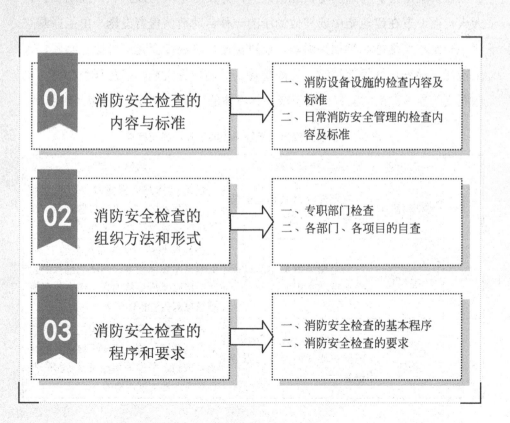

01 消防安全检查的内容与标准 → 一、消防设备设施的检查内容及标准
二、日常消防安全管理的检查内容及标准

02 消防安全检查的组织方法和形式 → 一、专职部门检查
二、各部门、各项目的自查

03 消防安全检查的程序和要求 → 一、消防安全检查的基本程序
二、消防安全检查的要求

第一节 消防安全检查的内容与标准

物业服务企业应根据防火检查的重点规定建筑消防设施维护管理的内容、检查的方法和要求、规定了用户日常消防安全管理检查的办法，确保建筑消防设施完好有效，以及法律责任规避。

一、消防设备设施的检查内容及标准

1.消防火灾自动报警系统

该系统是为了早期发现和通报火灾，并及时采取有效措施，控制和扑灭大火，而设置在建筑物中或其他场所的一种自动消防报警设施，由能探测空气中一定浓度烟雾的感烟探测器、能对探测环境温度变化的感温探测器、人工现场手动确认的报警按钮、消防警铃、消防报警主机、消防报警CRT（电脑图文）显示以及消防打印机组成，其具体的检查内容与标准如表6-1所示。

表6-1 消防火灾自动报警系统的检查内容与标准

序号	检查内容	检查标准	检查方法
1	感烟探测器	感烟探测器吹烟测试能探测并及时报警	任意选择感烟探测器进行吹烟测试，观察消防中心主机报警显示与现场地址或区域是否一致
2	感温探测器	感温探测器加温测试能探测并及时报警	感温探测器一般是布置在地下室，而地下室空间较高，测试感温探测器时采用每季度抽检的方法用电吹风对感温探测器进行加温测试
3	手动报警按钮	按钮触发，应当即响应，消防中心能同时收到报警信息	选一楼层或区域用专用工具打开消防手动按钮外壳，不破坏玻璃，触发手动按钮。观察消防主机是否报警并且对应的地址是否准确

续表

序号	检查内容	检查标准	检查方法
4	消防警铃（声光报警器）	各类型探测器或手动报警按钮触发报警后，消防报警主机发出报警信号，消防警铃或声光报警器动作发出声（光）响	现场任意触发某一报警装置，该现场区域的消防警铃会及时发出声响，并且上下楼层或附近区域的消防警铃也应发出声响
5	消防报警主机	火警、故障报警显示与实际区域或地址相符	模拟在任意楼层进行吹烟测试，或取下某一烟感、消防模块等设备，对比主机显示报警（故障）信息与实际区域或地址是否相符
		测试自检、测试功能，主机显示屏（灯）显示正常	按主机上各功能按钮，各功能指示灯显示或屏幕显示正确
		主机报警音响能及时正确响应，报警或故障时主机能发出警告声	模拟火警或故障，主机能发出报警声响
		主备电能自动切换，备用电池电量充足，能持续供电5分钟	停掉主机市电电源，观察备用电池是否切换，供电时间不低于5分钟
6	消防报警CRT（电脑图文）显示	消防报警电脑图文显示与现场测试地址一致；火警及故障历史信息完整保存	测试消防报警系统各项功能时，各类信息可在消防CRT上查得到；消防报警及故障历史记录，可查询并完整保存
7	消防打印机	打印效果清楚；打印的信息与测试的信息一致	测试消防报警系统各项功能时，各类信息可在打印机上打印

2.消防联动控制系统

控制系统确认火灾发生后，联动启动各种消防设备，包括消火栓系统，喷淋泵及喷雾泵的监控，正压风机、防排烟风机的监控，防火阀、防排烟阀的状态监视、消防紧急断电系统监控，电梯迫降、防火卷帘门、可燃气体的监控，背景音乐和紧急广播及消防通信设备的监控及消防电源和线路的监控。联动控制通过联动中继器完成，已达到报警及扑灭火灾的作用，其具体的检查内容与标准如表6-2所示。

表6-2　消防联动控制系统的检查内容及标准

检查内容	检查标准	检查方法
消防联动控制柜	联动柜各联动操作指令能准确及时发送，控制相对应消防设备动作，并有设备动作的反馈信息灯显示	各部分在联动柜上进行联动操作，如测试风机按钮、防火卷帘门按钮、电梯迫降、消防水泵按钮等，观察控制的设备工作是否动作正常，反馈信息灯在联动柜上指示是否正常准确

3.消防广播和消防电话系统

消防广播系统也叫应急广播系统，是火灾逃生疏散和灭火指挥的重要设备，在整个消防控制管理系统中起着极其重要的作用。在火灾发生时，应急广播信号通过音源设备发出，经过功率放大后，由广播切换模块切换到广播指定区域的音箱实现应急广播。一般的广播系统主要由主机端设备：音源设备、广播功率放大器、火灾报警控制器（联动型）等，及现场设备：输出模块、音箱构成，其具体的检查内容与标准如表6-3所示。

表6-3　消防广播和消防电话系统的检查内容及标准

序号	检查内容	检查标准	检查方法
1	消防广播	报警触发后，消防广播系统能自动或人工向相应楼层广播，并要求25米内能听到喇叭声响，能清楚听到广播讲话	任意在某一楼层模拟触发报警，主机会自动放出广播或人为要求消防中心进行广播，在离喇叭最远点监听音量和音质
2	消防电话	挂墙式电话能振铃并能对讲，插孔电话能呼叫消防中心并能对讲	挂墙式电话采用摘机测试的方法，插孔电话采用携带插孔电话机，观察与消防主机通话音质和音量，无杂音和能正常通话表示正常

4.消防防排烟系统

消防防排烟系统分为防烟系统和排烟系统。防烟系统作用，建筑内一旦发生火灾，能有效地把烟气控制在划定防烟区域范围内，不让它蔓延扩大到其他区域，减少建筑内大面积损失；排烟系统作用，建筑内一旦发生火灾，能迅速启动，及时把烟气排出建筑外，使疏散人员、救灾人员不被烟火所困，减少人员伤亡损失，其具体的检查内容与标准如表6-4所示。

表6-4 消防防排烟系统的检查内容及标准

序号	检查内容	检查标准	检查方法
1	排烟风机，正压送风机	当报警触发后，消防风机自动启停、风机运行、联动启动各项功能运行正常，有信号反馈至消防中心	测试排烟、正压送风机时，分两种办法来检查：在风机房现场手动启、停风机，观察风机的运行状况，除了电机的正常运转的声音外，没有别的杂声表示正常。风叶转动灵活无卡阻。同时消防中心应有风机运行或停止的信号反馈；风机控制柜处于自动状态时，报警触发消防中心联动控制，能启停风机，其信号能及时准确地反馈
2	排烟阀送风阀	机械部分能灵活启闭，信号反馈准确；联动控制时能开启风阀，信号反馈准确	现场手动风阀，风阀应能灵活启闭，消防中心信号有反馈，位置显示正确；在消防中心联动控制风阀，风阀应能开启，并有信号反馈

5.防火分隔系统

防火分隔指在一定时间内，连同建筑框架能满足耐火稳定性、完整性和隔热性要求的门，它包含防火卷帘门和防火门。它是设置在防火分区间、疏散楼梯间、垂直竖井等且具有一定耐火性的活动的防火分隔物。防火分隔门除具有普通门的作用外，更重要的是还具有阻止火势蔓延和烟气扩散的特殊功能。它能在一定时间内阻止或延缓火灾蔓延，确保人员安全疏散，其具体的检查内容与标准如表6-5所示。

表6-5 防火分隔系统的检查内容及标准

序号	检查内容	检查标准	检查方法
1	防火卷帘门	卷帘门电源正常、手动控制测试时，运行时动作灵敏、平稳无卡阻并与按钮方向一致	现场手动测试观察，卷帘门上下行运与控制方向一致并运行平稳

续表

序号	检查内容	检查标准	检查方法
1	防火卷帘门	联动测试时，可控制卷帘门自动迫降并有信号反馈（建议在每季度温感测试时同时进行）	联动测试分两种方式：消防中心联动控制，卷帘门运行方向、停止应与控制相同；现场对卷帘门附近的烟感和温感同时测试，卷帘门应有自动迫降动作
2	防火门	防火门上的闭门器能完全合上防火门。自动能关闭，防火门外观及配件完好，门外观无破损、无锈迹、无掉漆、无变形	拉开门扇，自然放手，门能自然合闭；门外观采用目测观察方式

6.疏散指示灯、应急照明灯系统

消防应急照明系统主要包括事故应急照明、应急出口标志及指示灯，是在发生火灾时正常照明电源切断后，引导被困人员疏散或展开灭火救援行动而设置，其具体的检查内容与标准如表6-6所示。

表6-6 疏散指示灯、应急照明灯系统的检查内容及标准

序号	检查内容	检查标准	检查方法
1	疏散指示灯、应急照明灯	断电测试正常，建筑高度100米以下的建筑，断市电时指示灯、应急照明灯能延时30分钟以上；建筑高度100米以上的建筑，断市电时指示灯能延时60分钟以上	对疏散指示灯或应急照明灯进行抽查，现场断开指示灯的市电（强电）观察指示灯和其延时的时间等
2	疏散指示灯	疏散指示灯指示标识与现场吻合对应；疏散指示灯外观完好、玻璃无破损、无明显划痕	疏散指示灯的疏散方向应与实际的方向一致

7.消防通道系统

消防通道是火灾或者其他灾害发生时快速疏散人群，方便外部救援，保障生命的通道，其具体的检查内容与标准如表6-7所示。

表6-7　消防通道系统的检查内容及标准

序号	检查内容	检查标准	检查方法
1	消防楼梯通道或消防逃生通道	通道无大型杂物堵塞、畅通	沿通道巡走、观察消防楼梯以及消防通道畅通
2	消防车道	消防车道有4米宽距，无堵塞、畅通（如消防车道与临时车道合用，管理处应有应急疏散措施）	目测和询问，核对相应制度措施落实情况
3	消防电梯	消防电梯在市电停电状态下能正常升降；非消防电梯能迫降首层	一个季度在联动柜上测试一次电梯迫降功能

8.消防水系统

消防水系统由消防喷淋系统、消火栓系统、消防水泵系统组成，是火灾灭火，防止火势蔓延的重要系统，其具体的检查内容与标准如表6-8所示。

表6-8　消防水系统的检查内容及标准

序号	检查内容	检查标准	检查方法
1	消防水泵（消火栓泵、消防喷淋泵）	泵体润滑油饱满、颜色无变黑和浑浊。泵体盘根良好、无渗水、溢水、沙眼、泵轴承无渗水滴水流到地面；泵体轴承手动盘车灵活、无卡壳、泵轴与电机在同一中心线，运转无偏心、机座紧固、螺丝无锈（有防锈措施），垫片齐；泵体外观整洁，油漆完好，标识清楚，铭牌字迹清晰，各部件紧固，联轴器有保护，接地良好	现场查看，检查方法同生活水泵
		水泵房内的消防水系统相关的阀门开闭灵活，手柄完好，阀杆润滑好，外观整洁，指示清晰，单向阀动作灵活，无漏水	现场查看，手动开关阀门测试，如阀门是信号阀，信号能联动到消防中心报警主机，能观察到阀门开闭状态

续表

序号	检查内容	检查标准	检查方法
1	消防水泵（消火栓泵、消防喷淋泵）	消防水泵整体运行时泵输出水压正常，水压能满足楼宇用水要求，运转平稳、无跳动、无明显振动、无异常响声，压力表指示稳定，三相电流平衡度小于5%，电流接近额定值	目测，查看；现场联动或点动（联动或手动时要注意消防管网压力，预防打压时爆管）启动时管内压力不超过1.2兆帕
		消防水泵控制柜元件齐全，操作手柄完好无过热、基本无声音，前后动作顺序符合要求，信号指示正确；消防水泵整体运行时启动电流在额定电流范围内；电线及连接端片连接紧密牢靠，接触良好无发热腐蚀现象，无裸露部分，编号清晰，外连线无松动或妨碍操作	
2	消火栓系统	消火栓箱配件完整齐全，摆放正确；室内消火栓箱，检查封条完整性和时效性、起到封签作用，消火栓箱锁扣、玻璃完好	目测，并抽查室内消火栓箱，打开箱门用手轻拭查看灰尘
		玻璃按钮触发，消防中心或消防水泵能收到启动信号，消火栓信号指示灯亮	模拟测试破玻按钮，观察消防中心或消防水泵的反馈信号
		抽查天面，对消火栓进行放水试验，检测管道水压，水应射出距栓口10米远距离	一个季度对天面试验消火栓进行开阀放水试验
3	消防自动喷淋系统	喷淋管压力值应在0.4～1.2兆帕之间	观察压力表
		水流指示器在放水试验时应动作，并在消防报警主机上有反馈信号与实际放水地址相符	在消防中心观察水流指示器的信号反馈
		水压自动控制系统是否按要求压力值起停稳压泵	稳压泵在管道压力低时（放水久一点时），能自动启动
		高、中、低区水压变化时压力开关报警，水力警铃报警；管内水应清澈无锈渣	分别在高中低区，进行放水测试，观察压力开关及水力警铃动作情况；观察管内水质颜色

续表

序号	检查内容	检查标准	检查方法
4	消防管网系统	消防管道上各种阀门完好、开启、关闭状态正确，有明显标识；消防管网无损坏、油漆无脱落	查看阀门有无漏水、生锈，阀门开启关闭的状态应和现场管道要求一致，并有明显标识
5	消防水池	合用消防水池水位应不低于水池生活出水管出口上方；专用消防水池应能自动补水；消防水池的消防管道出口阀门应是常开状态	查看、检查阀门状态

9.气体灭火系统

气体灭火系统是指平时灭火剂以液体、液化气体或气体状态存储于压力容器内，灭火时以气体（包括蒸汽、气雾）状态喷射作为灭火介质的灭火系统。并能在防护区空间内行成各方向均一的气体浓度，而且至少能保持该灭火浓度达到规范规定的浸渍时间，实现扑灭该防护区的火灾。气体灭火系统主要用在不适于设置水灭火系统等其他灭火系统的环境中，比如计算机机房、重要的图书馆档案馆、移动通信基站（房）、UPS室、电池室、一般的柴油发电机房等，其具体的检查内容与标准如表6-9所示。

表6-9　气体灭火系统的检查内容及标准

序号	检查内容	检查标准	检查方法
1	气瓶气压	气瓶气压值在气瓶标称值规定的10%之间	目测气瓶压力表或称重装置
2	气体灭火控制系统	气体保护区域的烟感，温感，报警时各联动部位动作，保护区域门口警灯、门口报警音响在报警触发时能动作。消防中心有信号反馈	由于气体保护区域的烟感、温感是单独报警联动系统，因此在对该系统进行测试时，先把联动的电磁阀断开，用小灯泡代替，然后对烟感、温感探测器做联动测试。模拟测试时观察保护区域门口信号警告和消防中心的信号反馈

10.灭火器

物业常用灭火器通常分为手提式灭火器、推车式灭火器，其具体的检查内容与标准如表6-10所示。

表6-10　灭火器的检查内容及标准

序号	检查内容	检查标准	检查方法
1	压力值及期限	灭火器压力值压力表在中间区为正常，重量符合要求。使用时间未过使用期限或未过二次充装期限	观察手提式灭火器、推车式灭火器的压力表；观察并用手提起灭火器摇晃，感觉灭火器的重量
2	配置数量	灭火器配置数量符合要求，有检查日期（每季度检查一次）	灭火器的配置数量应按"一个灭火器配置场所内的灭火器不应少于2具，每个设置点的灭火器不宜多于5具"，检查日期应是每季度检查一次

二、日常消防安全管理的检查内容及标准

日常消防安全管理的检查内容及标准如表6-11所示。

表6-11　日常消防安全管理的检查内容及标准

序号	检查内容	检查标准	检查方法
商场、商铺、写字楼消防安全日常管理			
1	检查消防责任书签署落实情况	物业范围内的所有商户与管理处签署消防责任书到达100%	根据商户入住数量核对责任书签署完成率
2	检查消防隐患整改通知书落实情况	管理处在日常检查中对商户发出的整改通知是否按规定时间和要求整改	查看现场，如有消防违规，以及造成公共消防利益损害的行为，管理处应有相应的消防隐患整改通知书，并有相应跟踪措施

续表

序号	检查内容	检查标准	检查方法
3	检查装修报建备案及政府消防主管部门消防报建验收资料	商户装修备案资料齐全，涉及政府报建验收资料齐全	查看资料完整性
4	管理处日常针对商户的消防设备设施专项检查资料	管理处需定期对商户区域内属于公共消防系统的消防设备设施检查，并有记录	查看并验证记录的真实性
5	商户消防管理相关资料存档情况	分户建档，资料齐全	查看资料完整性
6	易燃易爆危险品存放申报管理资料	物品申报资料齐全，现场有防护措施	现场检查，如发现有易燃易爆物品集中存放，查看有无对应的申报材料以及现场消防防护措施
住宅小区业主住户消防安全日常管理			
1	检查装修防火责任书签署落实情况	住户装修申报时，必须签订装修防火责任书	查看装修资料，核对现场
2	检查动火作业申请资料，及现场装修巡查情况	装修现场动火作业必须提前申请，动火作业工人须有作业资格	现场抽查
3	装修现场灭火器配备情况	装修场所内不应少于2个4千克的灭火器	现场核查
4	检查管理处组织业主住户消防疏散演练或防火培训资料	消防演习资料齐全，有照片和培训反馈意见	查看资料
管理处外包修缮施工工程防火检查管理			
1	检查涉及有火灾隐患或火灾风险的工程，管理处与分包方签订的防火承诺书落实情况	施工现场涉及动火作业或有火灾隐患的工作，必须先签订防火承诺书	施工现场有灭火器、水桶等防火措施，施工现场不允许抽烟，可燃材料有统一管理
2	检查施工现场防火措施和相关消防器材配备情况	施工现场按规范要求配置数量相等的灭火器以及临时消防用水	现场核查
3	检查现场临时用电防火措施情况	施工现场临时用电，拉接电线需专人负责，并做好防护	现场核查

第二节　消防安全检查的组织方法和形式

消防安全检查应作为一项长期性、经常性的工作常抓不懈。在消防安全检查组织形式上可采取日常检查和重点检查、全面检查与抽样检查相结合的方法。应结合不同物业的火灾特点来决定具体采用什么方法。

一、专职部门检查

物业服务企业应对物业小区的消防安全检查进行分类管理，落实责任人或责任部门，确保对重点单位和重要防火部位的检查能落到实处。一般情况下，每日由小区防火督查巡检员跟踪对小区的消防安全检查，每周由班长对小区进行消防安全抽检，监督检查实施情况，并向上级部门报告每月的消防安全检查情况。

二、各部门、各项目的自查

1.日常检查

应建立健全岗位防火责任制管理，以消防安全员、班组长为主，对所属区域重点防火部位等进行检查。必要时要对一些易发生火灾的部位进行夜间检查。

2.重大节日检查

对元旦、春节等重要节假日应根据节日的火灾特点对重要的消防设备、设施、消防供水和自动灭火等情况重点检查，必要时制定重大节日消防保卫方案，确保节日消防安全。节假日期间大部分业主休假在家，用电、用火增加，应注意相应的电器设备及负载检查，采取保卫措施；同时做好居家消防安全宣传。

3.重大活动检查

在举行大型社区活动时，应制定消防保卫方案，落实各项消防保卫措施。

第三节　消防安全检查的程序和要求

一、消防安全检查的基本程序

消防安全检查的基本程序如图6-1所示。

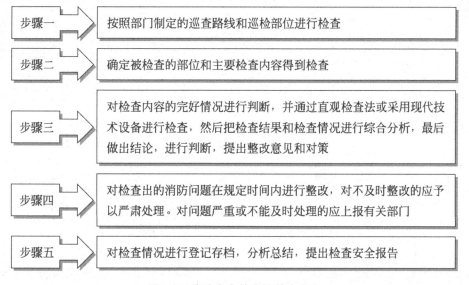

步骤一	按照部门制定的巡查路线和巡检部位进行检查
步骤二	确定被检查的部位和主要检查内容得到检查
步骤三	对检查内容的完好情况进行判断，并通过直观检查法或采用现代技术设备进行检查，然后把检查结果和检查情况进行综合分析，最后做出结论，进行判断，提出整改意见和对策
步骤四	对检查出的消防问题在规定时间内进行整改，对不及时整改的应予以严肃处理。对问题严重或不能及时处理的应上报有关部门
步骤五	对检查情况进行登记存档，分析总结，提出检查安全报告

图6-1　消防安全检查的基本程序

二、消防安全检查的要求

消防安全检查的要求如图6-2所示。

要求一	深入楼层对重点消防保卫部位进行检查，必要时应做系统调试和试验
要求二	检查公共通道的物品堆放情况，做好电器线路及配电设备的检查
要求三	对重点设施设备和机房进行深层次的检查，发现问题立即整改
要求四	对消防隐患问题，立即处理
要求五	应注意检查通常容易忽略的消防隐患，如单元门及通道前堆放单车和摩托车、过道塞满物品、疏散楼梯间应急指示灯不亮、配电柜（箱）周围堆放易燃易爆物品等

图6-2　消防安全检查的要求

第三部分
Part three

物业车辆管理

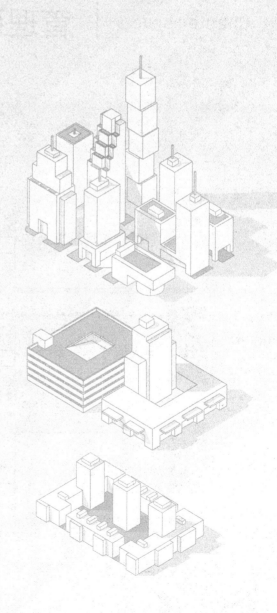

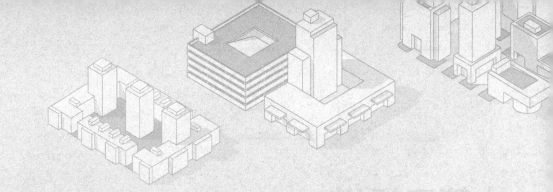

第七章 | 建立智慧车辆管理系统
Chapter seven

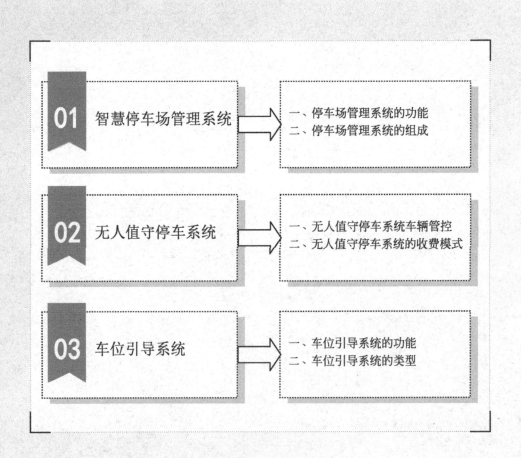

01 智慧停车场管理系统 → 一、停车场管理系统的功能
二、停车场管理系统的组成

02 无人值守停车系统 → 一、无人值守停车系统车辆管控
二、无人值守停车系统的收费模式

03 车位引导系统 → 一、车位引导系统的功能
二、车位引导系统的类型

第一节　智慧停车场管理系统

停车场管理系统是一个非接触式智能IC卡为车辆出入停车场凭证、以车辆图像对比管理为核心的多媒体综合车辆收费管理系统，用以对停车场车道入口及出口管理设备实行自动控制、对在停车场中停车的车辆按照预先设定的收费标准实行自动收费，该系统将先进的IC卡识别技术和高速的视频图像存储比较相结合，通过计算机的图像处理和自动识别，对车辆进出停车场的收费、保安和管理等进行全方位管理。

一、停车场管理系统的功能

1.数据处理功能

停车场系统具有功能强大的数据处理功能，可以对停车场管理中的各种控制参数进行设置、IC卡挂失和恢复，可以进行分类查询和打印统计报表，并能够对停车场数据进行管理。

2.图像对比功能

停车场管理系统具有图像对比功能，通过该功能可以将入场的车辆外形和车牌编号摄录下来并保存在服务器数据库中，当车辆出场读卡时，屏幕上自动出现车辆在出口处摄录图像和在入口处摄录的图像，操作人员可以将出场的车辆与服务器中记录的IC卡号和摄录的图像进行对比，在确定卡号、车型、车牌编号等与记录相符后，启动自动道闸升起闸杆，放行车辆。

车辆入场时，司机将IC卡放在入口控制机的读卡区域前读卡，如果读卡有效，自动道闸的闸杆抬起，允许车辆进入，车辆通过入口处的自动道闸后，闸杆自动下落，封闭入口车道。

当车辆出场时，司机在出口控制机的读卡区域读卡，出口控制机在自动判断卡的有效性后，出口处的自动道闸闸杆抬起放行车辆，车辆通过自动道闸后，闸杆自动落下，封闭出口车道，如果停车超期、超时或IC卡无效时，出口自动道闸仍处于禁行状态。

对于临时停车的车主，在车辆检测器检测到车辆后，按入口控制机上的取卡按键取出一张IC卡，并完成读卡、摄像和放行，在出场时，在出口控制机上读卡并交纳停车费用，同时进行车辆的图像对比，无异常情况时由管理人员开闸放行。

停车场管理系统架构如图7-1所示。

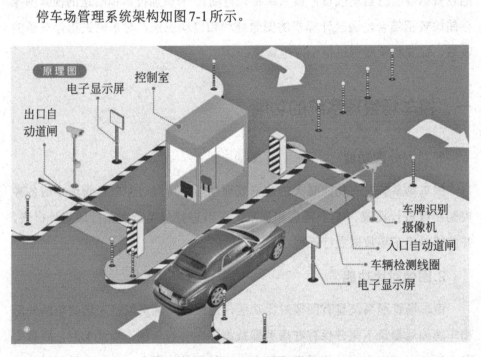

图7-1　停车场管理系统架构图

二、停车场管理系统的组成

停车场管理系统由道闸、地感线圈（车辆检测器）、入口控制机、出口控制机、图像对比系统、车牌自动识别系统、远距离读卡系统、数据库系统、收费系统、岗亭设备、管理软件等设备组成。

1.道闸

（1）道闸的组成。道闸主要由主机、闸杆、夹头、叉杆等组成，而主机则由机箱、机箱盖、电机、减速器、带轮、齿轮、连杆、摇杆、主轴、平衡弹簧、光电开关、控制盒以及压力电波装置（配置选择）等组成。

（2）道闸的控制方式。道闸的控制方式也有两种，即手动和自动两种。手动闸是栏杆的上升和下降由手控按钮或遥控器来操作；自动闸是栏杆的上升由手控/遥控/控制机控制，下降由感应器检测后自动落杆。

（3）道闸的分类。道闸可分为直杆型、折叠杆型、栅栏型三种类型，如图7-2所示。

(a) 直杆型　　　　　　　(b) 折叠杆型　　　　　　　(c) 栅栏型

图7-2　道闸的分类

2.地感线圈（车辆检测器）

（1）地感线圈的工作原理。当有车压在地感线圈上时，车身的铁物质使地感线圈磁场发生变化，地感模块就会输出一个TTL信号。进出口应各装两个地感模块，一般来讲，第一个地感作用为车辆检测，第二个地感则具有防砸车功能，确保车辆在完全离开自动门闸前门闸不会关闭，如图7-3所示。

（2）地感线圈的功能。

① 当车辆在地感线圈上时，所有关信号无效即栏杆机不会落杆；

② 当车辆通过地感线圈后，将发出一个关信号，栏杆机自动落杆；

③ 当栏杆正在下落过程中，当有车辆压到线圈栏杆将马上反向运转升杆；

④ 与手动、遥控或电脑配合可完成车队通过功能。

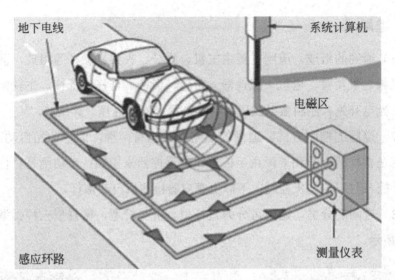

图7-3 地感线圈（车辆检测器）演示

3.出、入口控制机

出、入口控制机用于停车场出入口的控制，实现对进出车辆的信息显示、语音操作提示等基本功能，是整个停车场硬件设备的核心部分，也是系统承上启下的桥梁，上对收费控制电脑，下对各功能模块及设备。

（1）入口控制机。入口控制机内一般由控制主板（单片机）、感应器、出卡机构、IC（ID）卡读卡器、LED显示器、出卡按钮、通话按钮、喇叭、专用电源等部件组成。

入口控制机的工作原理如下：

当车辆驶入感应线圈，单片机检测到感应信号，驱动语音芯片发出操作提示语音，同时给LED发出信号，显示文字提示信息。司机按操作提示按"取卡"键后，单片机接受取卡信号并发出控制指令给出卡机构，同时对读卡系统发出控制信号。出卡机构接到出卡信号，驱动电机转动，出一张卡后便自动停止。读卡系统接到单片机的控制信号开始寻卡，检测到卡便读出卡内信息同时将信息传给单片机，单片机自动判断卡的有效性，并将卡的信息上传给电脑。单片机在收到电脑的开闸信号后便给道闸发出开闸信号。

（2）出口控制机。出口控制机内一般由控制主板（单片机）、感应器、收卡机构、IC（ID）卡读卡器、LED显示器、通话按钮、喇叭、专用电源等部件组成。

出口控制机的工作原理如下：

当车辆驶入感应线圈，单片机检测到感应信号，驱动语音芯片发出操作提示语音，同时给LED发出信号，显示文字提示信息。司机持月卡在读卡区域刷卡，单片机自动判断该卡的有效性并将信息传给电脑，等待电脑的开闸命令。单片机在收到电脑的开闸信号后便给道闸发出开闸信号。如果司机持的是临时卡，将卡插入收卡口，收卡机将卡吃进收卡机构中，并向电脑传送卡号，等待电脑发出开闸信号，开闸后收卡。

4.图像对比系统

图像抓拍设备包括抓拍摄像机、图像捕捉卡及软件。摄像机将入口及出口的影像视频实时传送到管理计算机，入口系统检测到有正常的车辆进入时，软件系统抓拍图像，并与相应的进出场数据打包，供系统调用。出口系统不仅能抓拍图像，而且会自动寻找并调出对应的入场图像，自动并排显示出来。抓拍到的图像可以长期保存在管理计算机的数据库内，方便将来查证。图像对比组件的主要作用如图7-4所示。

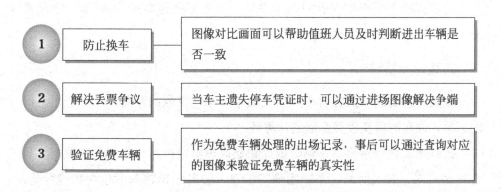

图7-4　图像对比组件的主要作用

5.车牌自动识别系统

车牌自动识别组件是建立在图像对比组件的基础上，利用图像对比组件抓拍到的车辆高清晰图像，自动提取图像中的车牌号码信息，自动进行车牌号码比较，并以文本的格式与进出场数据打包保存。车牌自动识别组件的主要作用如图7-5所示。

 更有效地防止换车：车辆出场时，车牌识别组件自动比较该车的进出场车牌号码是否一致，若不一致，出口道闸不动作，并发出报警提示，以提醒值班人员注意

 更有效地解决丢票争议：当车主遗失停车凭证时，输入车牌号码后立即可以找到已丢失票的票号及进出场时间

 实现真正的"一卡一车"：发行月卡时若与车牌号码绑定，只有该车牌号码的车才可以使用该月卡，其他车辆无法使用

图7-5　车牌自动识别组件的主要作用

6.远距离读卡系统

远距离读卡器应用微波传输和红外定位技术，其主要功能是实现车辆和路边设备的数据传输和交换，以适应不停车识别的各种应用需要。

远距离读卡系统主要针对月卡车辆，车主无须停车取卡/刷卡，不用摇窗，不用伸出手即可自动感应读卡开闸。

7.数据库系统

数据库系统的功能包含车牌识别结果及车辆图像的存储、车辆进出时间的记录，停车时间及收费金额的计算等。

数据库系统包括停车车辆数据库和驶离车辆数据库。停车车辆数据库包含车牌号码、进入时间、车辆图像等信息。驶离车辆数据库包含车牌号码、进入时间、离开时间、停车费用、车辆图像等信息。当车辆离开停车场时，

该车辆相关信息将从停车车辆数据库中删除，其信息随同车辆离开时间、停车费用、收费方式等写入驶离车辆数据库。

8.收费系统

当车辆离开时，经车牌自动识别系统检测及车牌识别结果，可对数据库该车辆的相关记录进行查询，并计算相应的停车时间及停车费用。而后根据车主选定的收费方式进行自动收费、人工收费或半自动收费等。

为实现临时停车场的高效收费，收费系统可对停车车辆提供三种不同模式的收费服务，即手机支付的自动收费模式、一卡通支付的刷卡收费模式以及现金支付的人工收费模式，并通过设置不同收费模式的专用收费口来实现自动收费与人工收费相结合的高效且人性化的停车收费服务。

第二节　无人值守停车系统

无人值守收费管理系统以车牌识别技术为基础，以移动支付为收费方式，从而实现无卡收费、无人值守的停车场智能化管理系统，其核心设计在于降低管理方的人员成本，提高车辆进出效率，提高物业管理水平，如图7-6所示。

图7-6　无人值守停车场

一、无人值守停车系统车辆管控

车辆入场停车后，车位检测器通过可视化的视频识别技术，将车牌号、停车时间、停车抓图等停车信息上传到平台；然后，平台下发指令将车位状态和引导屏信息进行实时更新。

1.固定车辆入场

车牌识别仪自动识别车牌，如果车牌有效，道闸的闸杆自动抬起，允许车辆进入，车辆通过入口处的道闸后，闸杆自动落下，封闭入口车道。

2.固定车辆出场

车牌识别仪自动识别车牌，系统自动判断车牌的有效性，出口处的道闸闸杆自动抬起放行车辆，车辆通过道闸后，闸杆自动落下，封闭出口车道；如果车牌无效时，出口道闸处于禁行状态不开启。

3.临停车

车牌识别仪自动识别车牌，系统自动完成车牌入场登记、摄像和放行，出场时，可通过人工缴费或自助缴费后，车牌识别仪自动识别车牌，系统判断缴费正常后，道闸开闸放行。

二、无人值守停车系统的收费模式

无人值守停车管理系统支持多种停车费支付模式，包括微信支付、支付宝支付、支持储值应用模式、支持自助缴费终端模式，可实现停车场无现金收费方式。

1.扫码支付

在停车场内显眼处粘贴固定的付款二维码，车主在开车出场前使用微信、支付宝等APP的扫码功能扫描付款二维码，在弹出的页面中输入车牌号，查询、缴纳停车费，如图7-7所示。

图7-7　扫码支付停车费

另外，车辆出场时车场票箱的LCD屏幕上也会生成一个付款二维码，车主通过微信、支付宝等APP扫码，无须输入车牌号就可以查费缴费，缴费成功后道闸自动抬杠放行。

2.在线缴费

车主可卜载安装相应的APP，绑定车牌号之后即可查缴停车费，同时还支持月卡续费、访客代缴的功能。

车主也可以关注微信公众号，并在公众号中绑定车牌号码，同样可以查缴停车费。

3.自助缴费

停车场内放置的自助缴费机，车主可以通过自助缴费机查缴停车费，并通过微信、支付宝扫描缴费机生成的二维码或刷银行卡的方式完成缴费，如图7-8所示。

图7-8　自助缴费机

第三节　车位引导系统

车位引导系统是现代智能停车场管理系统中的一项重要技术，是通过车位安装的探测器来获得空车位信息，然后通过云平台的数据处理传给车主车位信息，从而引导车主泊车。

一、车位引导系统的功能

车位引导系统是智能化的停车场管理系统，具有如图7-9所示的功能。

二、车位引导系统的类型

目前市场上使用的车位引导系统主要按探测器不同来分类，分为超声波车位引导系统和视频车位引导系统。

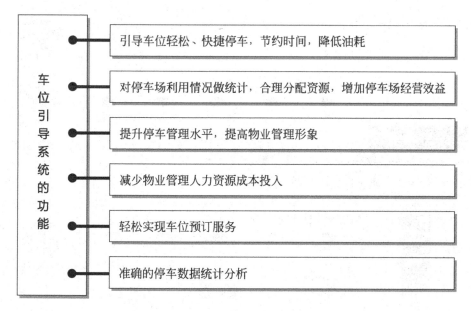

图7-9 车位引导系统的功能

1.超声波车位引导系统

超声波车位引导系统是通过安装在车位上方的超声波探测器，实时采集各个车位停车情况，让车位指示灯显示红/绿色，同时，节点控制器对超声波探测器的状态进行收集，反馈给总控制器，总控制器对整个车场的车位停放信息进行分析处理后，将空车位数据发送给场内各LED显示屏，方便指引司机将车辆驶入空车位。其工作原理如图7-10所示。

2.视频车位引导系统

视频车位引导系统是一套基于视频识别技术的智能车位引导系统，通过在车场的停车位上前方安装车牌识别摄像机，车牌识别摄像机对一个或多个车位的视频信息进行实时处理，检测车位状态、车辆的车牌号码，并将车位占用状态直接传输给车位引导屏，用于向司机发布空余车位引导指示，同时，将车牌号码及车位图像传输到数据服务器进行储存，并用于反向寻车。其工作原理如图7-11所示。

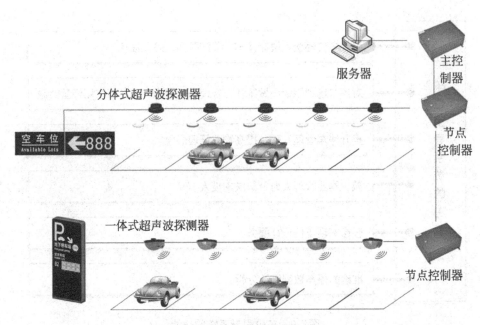

图7-10 超声波车位引导系统

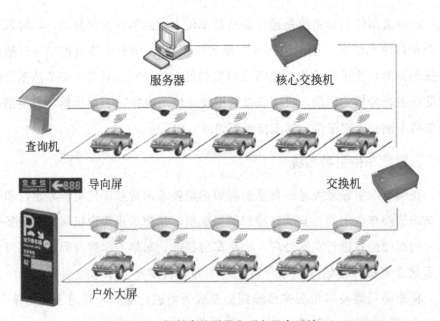

图7-11 视频车位引导和反向寻车系统

比如，××视频车位引导系统由引导部分和反向找车部分组成，引导流程如图7-12所示。

车主驾车进入停车场前，可通过停车场总入口处的"入口信息引导屏"，了解停车场各层空车位数

车辆进入停车场后，各个分岔路口上方的"信息指示屏"，显示该分岔路口各个方向当前空车位数

每个车位正上方的"车位监控相机"，指示灯为绿色时，表示该车位为空车位。指示灯为红色时，表示车位上已有车辆停放

车辆停放后，户外及室内的信息指示屏会自动将当前位置的空车位数扣减掉1，完成本次车位引导

图7-12

车主取车时，可通过任一查询机查询自己的车辆状态、位置、停车时间。支持模糊查询，如车主只记住了自己车牌号的一部分，可通过查询机列出匹配车牌，并通过实时视频预览图像，进一步确认自己车辆

一旦确定车辆，系统会规划出最优的寻车路线，按照指示的路线，车主可最快速地寻找到自己的爱车。

车辆驶出车位后，户外及室内的信息指示屏会自动将当前位置的空车位数增加1，完成本次反向寻车

图7-12 视频车位引导系统的引导流程

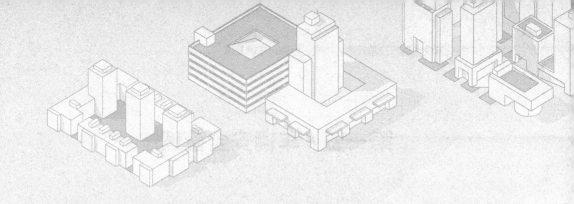

第八章 | 停车场管理
Chapter eight

01 车辆安全管理 → 一、划出停车位
二、建立安全措施
三、严格控制进出车辆
四、进行车辆检查、巡视

02 停车场突发事件
应变措施 → 一、停电应变措施
二、收款系统应变措施
三、火警应变措施
......

第一节　车辆安全管理

一、划出停车位

停车位分为固定停车位和非固定停车位，大车位和小车位。固定停放车位的用户应办理月租卡，临时停放的应使用非固定停车位。

固定停车位应标注车号，以便车主方便停放车辆。车场的管理人员应熟记固定停车位的车牌号码，并按规定引导小车至小车位，大车至大车位，避免小车占用大车位。室内、室外停车位如图8-1、图8-2所示。

图8-1　室内停车位

图8-2　室外停车位

二、建立安全措施

建立安全措施即要求停车场内光线充足，适合驾驶；各类指示灯、扶栏、标志牌、地下白线箭头指示清晰；在车行道、转弯道等较危险地带设立警示标语；车场内设立防撞杆、防撞柱。

停车场护卫员在日常管理中应注意这些安全措施，一旦发现光线不足，就要通知维修人员来处理；各类警示标语、标志不清楚，应及时向上级汇报，请求进行维护。

> **❓ 小提示**
>
> 护卫员在每天值勤时应对设施进行巡查，发现问题及时解决或报告领导。另外，管理处应指定专人负责、建立设施台账、定期维修保养，确保设施完好。

三、严格控制进出车辆

在停车场出入口设专职护卫员，对进出车辆实行严格控制，负责指挥车辆进出、登记车号、办理停车取车手续工作。进场车辆应有行驶证、保险单等，禁止携带危险品及漏油、超高等不合规定的车辆进入。

四、进行车辆检查、巡视

停车场护卫员应实行24小时值班制，做好车辆检查和定期巡视，确保车辆的安全，消除隐患。

车辆停放后，护卫员检查车况，并提醒驾驶人锁好车窗、带走贵重物品，调整防盗系统至警备状态。对入场前就有明显划痕、撞伤的车辆要请驾驶人签名确认。

认真填写"停车场车辆状况登记表"，以防日后车辆有问题时产生纠纷。

第二节 停车场突发事件应变措施

一、停电应变措施

停电应变措施如下：

（1）当停车场停电时，立即将停电区域及详细情况报告给班长、部门主管或消防中心当值护卫员，报告机电维修部并了解停电的原因。

（2）收费系统停电，应通知出入口岗位护卫员，使用手动计费。

（3）使用紧急照明，保证各通道照明。

> ❓ **小提示**
>
> 如果在停车场内发生意外情况时，护卫员必须熟知处理各种意外的措施，以便在事发时能冷静应对。

二、收款系统应变措施

收款系统应变措施如下：

（1）当收款系统发生故障时，立即通知班长或部门主管，并记录故障时间。

（2）尽快报机电维修部维修，恢复正常使用。

（3）未能恢复使用前，通知出入口岗位护卫员使用手动计费。

（4）按手动计费操作流程收取停车费。

三、火警应变措施

火警应变措施如图8-3所示。

措施一	当停车场发生火灾时，应以最快的方式通知消防中心，说明起火的确切地点和起火性质
措施二	疏散起火现场周围的业主（用户）
措施三	运用就近的消防器材尽快将火焰扑灭或控制火势蔓延，等候消防人员到场
措施四	保护起火现场，等候专业人员进行调查
措施五	由主管以上职级的人员决定是否向公安消防局报警
措施六	如火势扩大，难以控制，车场（库）员工应协助指导车场内客人以最安全、快捷的途径离开车场（库）到安全地点，并预防其他事故发生
措施七	如出现人员受伤，应积极抢救

图8-3　停车场火警应变措施

四、斗殴等暴力事件应变措施

斗殴等暴力事件应变措施如图8-4所示。

措施一	遇到斗殴等暴力事件时，应保持冷静，以最快方式报告班长或监控中心，简要说明现场情况，如地点、人数、斗殴程度、有无使用武器等
措施二	如能控制现场，应及时制止暴力事件；否则，监视现场并与监控中心保持联络，等待上级的指令和增援人员到达
措施三	处理过程中应保持克制态度，保持冷静。除正当防卫需要，一般情况下应尽量避免与对方发生争吵或武力冲突
措施四	事件中如有人员受伤，要及时组织抢救
措施五	尽可能将争执双方留下或将肇事方截获，等候上级处理

图8-4　斗殴等暴力事件应变措施

五、盗窃或破坏事件应变措施

盗窃或破坏事件应变措施如下：

（1）遇到盗窃或破坏事件时，应以最快方式报告监控中心或值班主任，简要说明现场情况，如地点、人数、人员财物损失情况等。

（2）保持冷静，如能处理的可将有关人员带往秩序维护部调查处理；如不能即时处理则应监视现场，等候其他岗位支援及上级指令。

（3）保护现场不受破坏，以待有关单位调查取证。

六、醉酒者应变措施

醉酒者应变措施如下：

（1）发现醉酒者时，在报告监控中心或上级的同时尽力稳定醉酒者的情绪。

（2）劝告醉酒者离开停车场范围。如醉酒者无理取闹，可使用强制手段请其离开小区。

（3）在处理醉酒者时一定要保持冷静、克制态度。

七、车辆碰撞应变措施

车辆碰撞应变措施如下：

（1）当发生车辆碰撞时，将肇事驾驶人留在现场。

（2）立即通知值班主任、班长到现场处理。

（3）暂时扣下肇事驾驶人的有关证件，等候上级前来处理。

八、失卡、卡损毁应变措施

失卡、卡损毁应变措施如下：

（1）当车主失卡或卡损毁时，耐心向车主解释物业管理处的规定。

（2）按停车场入口岗登记的时间作遗失卡处理并收取停车费。

（3）如客人蛮不讲理，可通知值班主任、班长协助处理。

九、车道堵塞应变措施

车道堵塞应变措施如下：

（1）出现车道堵塞时，在不违反物业管理处原则的情况下，以最快捷的方式疏通出入车道。

（2）如遇到"问题车辆"可先暂扣驾驶人证件，将车辆安排到不堵塞车道的地方再进行处理。

十、电梯故障应变措施

电梯故障应变措施如下：

（1）停车场电梯出现故障时，通知监控中心值班护卫员。

（2）在电梯口摆放通知或指引。

（3）通知入车口值班护卫员。

（4）入车口岗接通知后应向入场客人作适当指引。

（5）护卫员在收取停车费后应向车主作出适当的解释和指引。

第四部分
Part four

物业应急管理

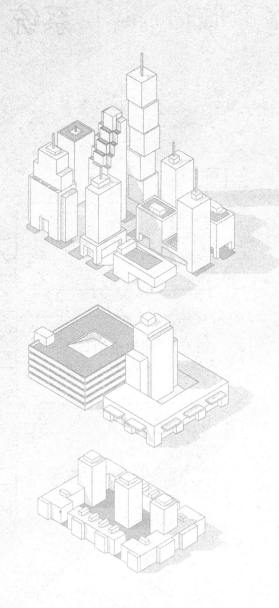

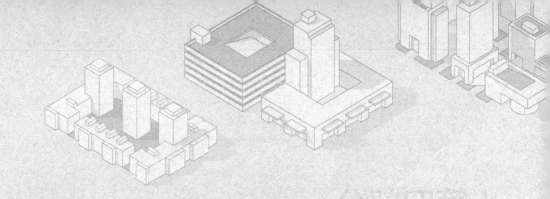

第九章 | 建立应急管理
Chapter nine | 系统

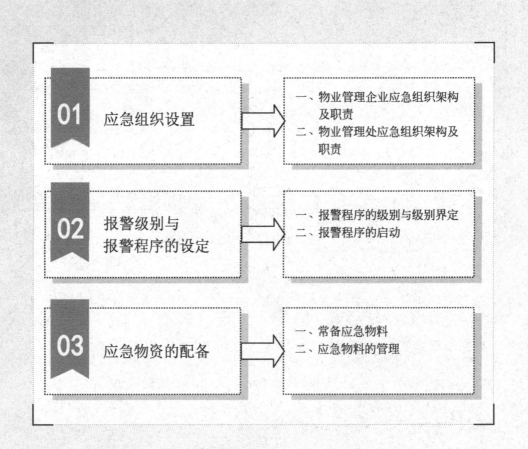

01 应急组织设置 ➡ 一、物业管理企业应急组织架构及职责
二、物业管理处应急组织架构及职责

02 报警级别与报警程序的设定 ➡ 一、报警程序的级别与级别界定
二、报警程序的启动

03 应急物资的配备 ➡ 一、常备应急物料
二、应急物料的管理

第一节 应急组织设置

一、物业服务企业应急组织架构及职责

物业服务企业应急工作小组由物业服务企业主管负责人领导，以各部门部长和项目经理及部门骨干员工为主组成。同时在物业管理项目（监控中心）设立24小时应急服务电话，按照应急服务进行模拟训练，以提高应急服务管理小组的快速反应能力，强化应急服务管理意识，并检测自己拟定的危机应变计划是否充实、可行。

下面提供一份××物业公司应急组织架构及职责的范本，仅供参考。

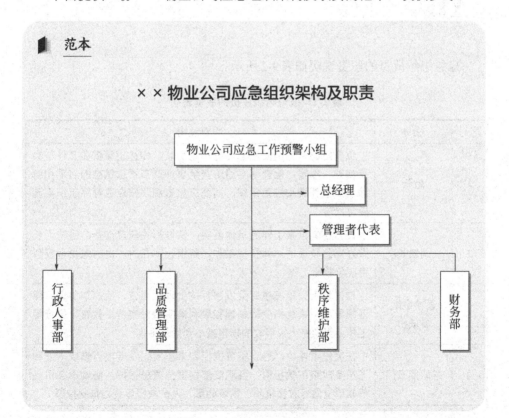

■ 范本

××物业公司应急组织架构及职责

物业公司应急工作预警小组

总经理

管理者代表

行政人事部　品质管理部　秩序维护部　财务部

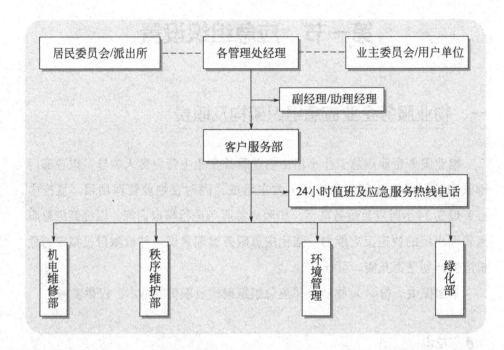

应急组织成员的职责说明如表9-1所示。

表9-1　应急组织成员的职责说明

序号	成员	职责说明
1	组长	负责定时召开消防应急领导小组会议，传达上级相关文件与会议精神，部署、检查落实消防安全事宜宣布紧急状态的启动和解除全面指挥调动应急组织，调配应急资源，按应急程序组织实施应急抢险
2	副组长	负责应急预案工作的具体落实，做好相关应急准备，协助组长做好应急救援的具体指挥工作，若组长不在时，由副组长全权负责应急救援工作
3	领导小组各成员	具体负责火险发生时突发事件的处理、报告、监控与协调，保证领导小组紧急指令的畅通和顺利落实做好宣传、教育、检查等工作，努力将火灾事故的损害减小到最低限度
4	各职能部门	在突发事件中，遇到不可抗拒和事态发生发展项目难以承受和无法及时组织救援时，各职能部根据公司总指挥，协调本公司各下属单位做好救援抢险、物资共享、人员救援后背力量支持等

二、物业管理处应急组织架构及职责

物业管理处下属的各职能部门人员是应急服务的主要人力储备，以经理为核心，包括管理处下属的护卫员、保洁员和维修人员，所以，管理处平时必须对客户服务部、秩序维护部、机电维修部、环境管理部所属员工做统筹安排，调配值班与准值班岗位，保证每天24小时随时有人能响应总值班室的应急呼唤。

下面提供一份××物业管理处应急组织架构图及职责的范本，仅供参考。

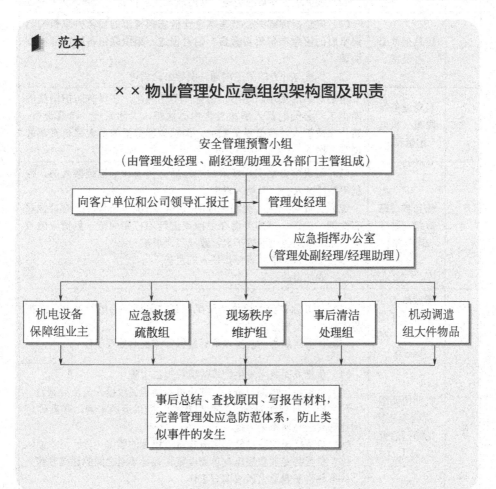

📖 **范本**

××物业管理处应急组织架构图及职责

安全管理预警小组
（由管理处经理、副经理/助理及各部门主管组成）

向客户单位和公司领导汇报迁　←→　管理处经理

应急指挥办公室
（管理处副经理/经理助理）

| 机电设备保障组业主 | 应急救援疏散组 | 现场秩序维护组 | 事后清洁处理组 | 机动调遣组大件物品 |

事后总结、查找原因、写报告材料，完善管理处应急防范体系，防止类似事件的发生

管理处应急组织成员的职责说明如表9-2所示。

表9-2　管理处应急组织成员的职责说明

序号	成员	职责说明
1	安全管理指挥小组	（1）负责组织有关部门制定应急抢救预案 （2）负责统一部署应急预案的实施工作，以及紧急处理措施 （3）负责调用本项目范围内各类物资、设备、人员和占用场地 （4）负责组织人员和物资疏散工作 （5）负责配合上级部门进行事故调查处理工作 （6）负责做好稳定生产秩序和伤亡人员的善后及安抚工作 （7）负责组织预案的演练，及时对预案进行调整、修订和补充
2	应急指挥部办公室	（1）应急指挥部办公室是本企业应急指挥部的日常办事机构负责平时的应急准备负责报告、信息报送、组织联络各职能部门及协调 （2）负责与外界的渠道沟通、引导公众舆论
3	机电设备保障组（机电维修部）	主要对事故现场、地形、设备、工艺熟悉，在具有防护措施的前提下，必要时深入事故发生中心区域，关闭系统，抢修设备，防止事故扩大，降低事故损失，抑制危害范围的扩大并负责事故调查工作
4	应急救援疏散组（秩序维护部）	（1）负责维持治安，按事故的发展态势有计划地疏散人员，控制事故区域人员、车辆的进出 （2）负责对火灾、泄漏事故的灭火、堵漏等任务，并对其他具有泄漏、火灾、爆炸等潜在危险点进行监控和保护，负责应急救援、采取措施防止事故扩大，造成二次事故 （3）负责有关事故直接责任人的监护 （4）参加事故调查
5	事后清洁处理组（环境管理部、客服主管）	（1）负责急救行动提供物质保证其中包括应急抢险器材、救援防护器材、监测分析器材等 （2）负责组织落实救援人员后勤保障和善后处理工作
6	机动协调组（综合部及其他部门后背员工）	（1）负责及时将所发生的事故情况报告主管 （2）负责向上级部门报告，并负责联络相关救援人员及时到位 （3）负责对受伤人员实施医疗救护，提供运送车辆，联系确定治疗医院，办理相关手续 （4）负责提出危险品储存区域及重点目标的建议 （5）负责各专业救援组与总调度室和领导小组之间的通信联络 （6）负责配合重大事故调查工作

第二节　报警级别与报警程序的设定

一、报警程序的级别与级别界定

1.报警程序的分级原则

报警程序的分级原则如图9-1所示。

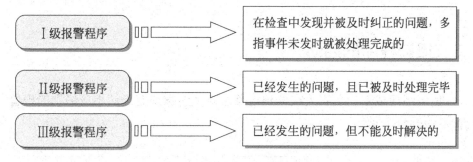

Ⅰ级报警程序	在检查中发现并被及时纠正的问题，多指事件未发时就被处理完成的
Ⅱ级报警程序	已经发生的问题，且已被及时处理完毕
Ⅲ级报警程序	已经发生的问题，但不能及时解决的

图9-1　报警程序的分级原则

2.报警级别的界定

不同报警程序启动的界定条件如表9-3所示。

表9-3　不同报警程序启动的界定条件

序号	界定条件	具体说明
1	启动Ⅰ级报警程序	凡事件符合以下任意一条原则的，即可启动Ⅰ级报警程序 （1）有重大隐患，但在事件未发生时已被得到纠正和整改 （2）事件已发生，但没有带来任何人员伤亡和经济损失，同时造成事故的原因或隐患被立即整改到位，未有投诉产生，且对××项目未带来任何不利的影响
2	启动Ⅱ级报警程序	凡事件符合以下任意一条原则的，即可启动Ⅱ级报警程序 （1）该事件的发生造成了经济损失，但金额在1000元以下的 （2）没有重大人员伤亡的，或轻伤人员少于2人（不含2人）的

续表

序号	界定条件	具体说明
2	启动Ⅱ级报警程序	（3）造成的事故原因或隐患已在当时被立即整改到位的 （4）有投诉产生，或在一定范围内造成了小面积影响，但影响已被控制的
3	启动Ⅲ级报警程序	凡事件符合以下任意一条原则的，即可启动Ⅲ级报警程序 （1）造成的经济损失在1000元以上的 （2）有重大人员伤亡的，或伤亡数量在2人以上的（含2人） （3）造成事故的原因或隐患不能立即被整改排除的 （4）有重大投诉发生，在××项目内或社会上造成恶劣影响的

二、报警程序的启动

值班经理或部门负责人在接到报警后，视情况决定启动相应级别的报警程序，如图9-2所示。

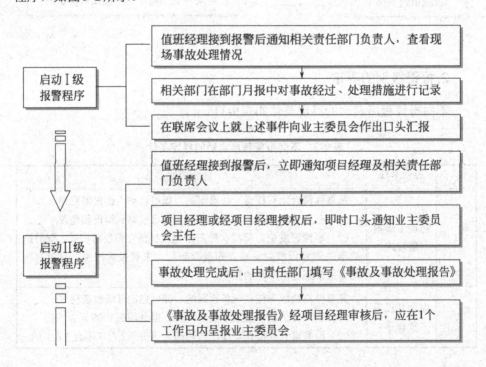

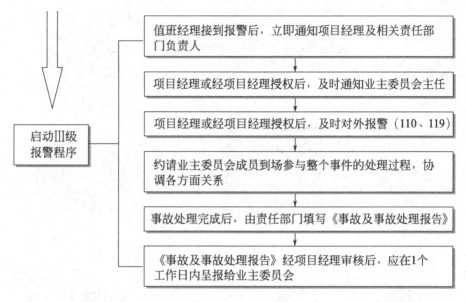

图9-2　启动报警程序

第三节　应急物资的配备

为了保证应急服务过程中能够尽快排除故障和险情，物业管理处必须对应急服务的物料有充分的储备。

一、常备应急物料

常用的应急服务物料如图9-3所示。

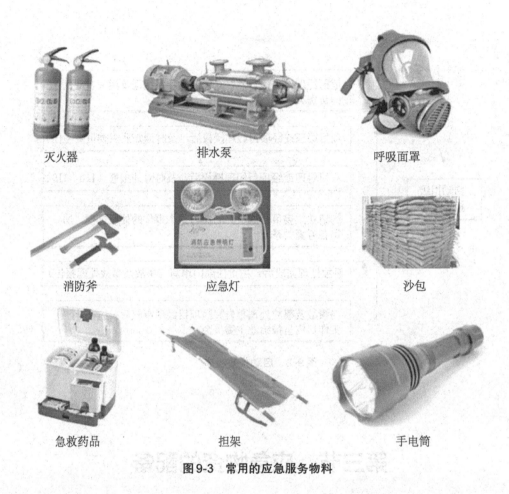

灭火器　　　　　排水泵　　　　　呼吸面罩

消防斧　　　　　应急灯　　　　　沙包

急救药品　　　　担架　　　　　手电筒

图9-3　常用的应急服务物料

二、应急物料的管理

（1）应急服务物料必须存放在固定的地点，方便拿取，并标有明显的"应急服务物料专用"字样。平时原则上不准动用，动用后应及时补充，以保持规定的储备量。

（2）应急物资应在指定地点存放，不得挪作他用。

（3）应急物资应根据物品的用途以及自身的物质特性，制定相应的检查周期。

（4）责任部门应按计划定期对应急物资的数量进行核查，对应急物资的使用性能进行检测，发现问题及时修复或更新，以保证其完好有效。

如表9-4所示为某物业项目管理处的应急物资一览表。

表9-4 应急物资一览表

序号	名称	数量	存放地点	责任部门
1	沙袋	6	××两墙北侧	秩序维护部
2	沙袋	6	××两墙南侧	秩序维护部
3	大线轴	1	机电维修部	机电维修部
4	应急灯	1	秩序维护部办公室	秩序维护部
5	应急灯	2	机电维修部办公室	机电维修部
6	泄水软管	1	机电维修部办公室	机电维修部
7	雨衣	3	环境管理部休息室	客户服务中心
8	雨鞋	3	环境管理部休息室	客户服务中心
9	竹扫帚	10	环境管理部休息室	客户服务中心
10	雨衣	5	秩序维护部宿舍	秩序维护部
11	雨鞋	6	秩序维护部宿舍	秩序维护部
12	移动水泵	1	机电维修部办公室	机电维修部

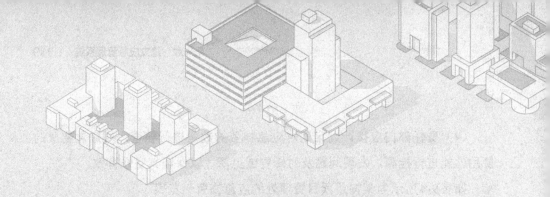

第十章 | 物业服务危险源
Chapter ten | 辨识与控制

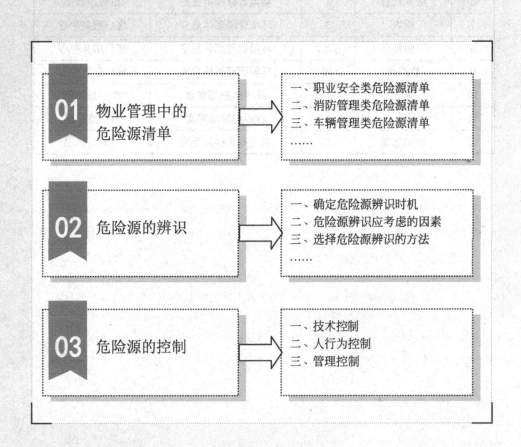

01 物业管理中的危险源清单
→ 一、职业安全类危险源清单
二、消防管理类危险源清单
三、车辆管理类危险源清单
……

02 危险源的辨识
→ 一、确定危险源辨识时机
二、危险源辨识应考虑的因素
三、选择危险源辨识的方法
……

03 危险源的控制
→ 一、技术控制
二、人行为控制
三、管理控制

第一节　物业管理中的危险源清单

危险源是指一个系统中具有潜在能量和物质释放危险的、在一定的触发因素作用下可转化为事故的部位、区域、场所、空间、岗位、设备及位置。

物业管理中的危险源是物业管理过程中潜在的不安全因素，如不对其进行防护或预防，有可能导致事故发生。

一、职业安全类危险源清单

职业安全类的危险源如表10-1所示。

表10-1　职业安全类危险源清单

序号	类别	危险源
1	保洁类	（1）消杀工作防止中毒 （2）清洁光滑作业面防止摔伤 （3）高空或离开地面作业时防止坠下（如清洁外墙等） （4）绿化工作时防止被植物或工具刺伤、割伤 （5）搬运物件过程防止身体伤害（如磕伤、扭伤、砸伤等） （6）恶劣天气情况下保洁作业防止身体伤害（如酷暑、严寒、雷电、台风等天气） （7）在汽车道、车辆出入口保洁作业防止身体伤害 （8）清洁下水管井等密闭管井防止缺氧和中毒 （9）在工程现场工作时防止意外事故发生（如坠物、扎脚等） （10）防止工作现场因产生噪声、污染、有害气体等对身体的伤害 （11）防止在保洁工作时触电（如清洁开关面板、插座、灯罩等） （12）高空通道使用护栏防止坠下
2	保安类	（1）训练时防止身体伤害 （2）与客户、外来人员等发生肢体接触时防止身体伤害 （3）恶劣天气情况下执勤防止身体伤害（如酷暑、严寒、雷电、台风等天气） （4）搬运物件过程防止身体伤害

续表

序号	类别	危险源
2	保安类	（5）在汽车道、车辆出入口执勤防止身体伤害 （6）使用防卫武器时防止伤及他人和自己 （7）进行意外抢险工作时防止身体伤害（如灭火、制止罪犯等） （8）使用巡逻车辆时防止意外发生（如自行车、摩托车、电瓶车等） （9）在工程现场工作时防止意外事故发生（如坠物、扎脚等） （10）车场岗位穿着反光衣
3	维修类	（1）特种作业时防止意外事故发生（如电焊、气割等） （2）使用作业工具防止被刺伤、割伤、擦伤（如刀、铁锤、砂轮机等） （3）高空及离开地面作业时防止坠下（如更换楼顶灯、路灯等） （4）检修电器、机械设备时防止身体伤害 （5）防止劳动防护用具破损失效 （6）恶劣天气情况下作业防止身体伤害 （7）搬运物件过程防止身体伤害 （8）在无通风情况的密闭管井中作业防止缺氧和中毒。 （9）在工程现场工作时防止意外事故发生（如坠物、扎脚等）

二、消防管理类危险源清单

消防管理类的危险源如表10-2所示。

表10-2 消防管理类危险源清单

序号	类别	危险源
1	家庭类	煲汤等忘记关火、燃放爆竹、乱扔烟头、阳台堆放易燃杂物、儿童玩火、煤气泄漏、住户装修没有配置灭火器等
2	电器类	电器线路短路、电器设备过载、补偿电容起火、使用电焊时没有在附近配置灭火器
3	设备类	发电机柴油箱没有接地、设备房有易燃易爆物品、消防报警系统故障
4	其他类	消火栓等设施完好性、灭火器配置情况、室外煤气泄漏、灭火方法不正确、氧气乙炔瓶间隔距离不够、小区内山体公园没有设置消防和报警装置

三、车辆管理类危险源清单

车辆管理类的危险源如表10-3所示。

表10-3 车辆管理类危险源清单

序号	类别	危险源
1	停车场设施	·道闸（失灵、误操作、无防砸车装置） ·出入口活动地桩（没有设置、没有使用、地桩上无反光纸或反光漆、地桩强度不够） ·车场周边没有防止强撞装置和没有形成闭环 ·交通设施（反光镜、减速坡）设置不够或不合理 ·刷卡设备位置设置不合理 ·车库出入口排水沟雨箅子不牢固 ·露天车场出入口没有制作雨雪棚 ·车库上端管道滴水 ·渗水到车场
2	车辆交通标识	·路口配置禁停、限速、限高、导向、分道行驶、人车分行、禁止尾随、转向、价格公示标志 ·障碍物使用反光标识 ·车场内雨水管的保护 ·车辆流向设置不合理性
3	车位	·车位位置设置不合理 ·倒车架位置 ·车位设置编号 ·车位朝向影响住户 ·小车位没有标识
4	人员操作	·安全员指挥不当 ·车辆进出没有检查（进入车辆车况检查、进入危险品、外出可疑物品、无牌车辆进入）
5	车辆停放	·占道停放 ·跨位停放 ·占位停放
6	停车场环境	·车场灯光太暗 ·入口光线太强影响司机视线
7	车辆防盗	·收发卡 ·收发票管理 ·车辆出入口岗流程合理（验卡票后放车）

四、公共区域安全类危险源清单

公共区域安全类的危险源主要如下所示：

（1）各类安全提示标识。

（2）路灯/草坪灯柱松动、路灯/草坪灯罩松动或破裂、电线裸露。

（3）井盖、地面不平或易滑地面、不合适的路障。

（4）娱乐设施松动、娱乐设施尖角或局部变形、休闲椅凳松动或尖角。

（5）公共场地临时施工防护、工具/材料等高空搬运、不适当的楼梯扶手或护栏、公共场所照明度。

（6）工具、材料等高空坠落、阳台花盆等物品坠落、病虫害枝、枯枝等意外坠落伤人、带刺绿化植物对人员的伤害、植物发出的气体对人体造成不良感受、特殊季节的台风、暴雨引起的物品坠落等。

（7）电梯轿厢安全呼救按钮、轿厢照明、电梯困人、电梯保养或维修时的防护栏及提示标识。

（8）水景区域救生圈、水池边缘/池壁设置防滑、防护栏、救援电话、水景灯使用安全电压、防水性。

五、泳池安全类危险源清单

泳池安全类的危险源主要有：

（1）安全提示标识包括禁止有心脏病、酒后、有传染病的人员游泳的标识等。

（2）易滑地面、泳池公共照明度包括池底照明、池底照明防水性。

（3）泳池池水清晰度及酸碱度、水质符合国家规定。

（4）救生员责任心、泳池池底及池边设施尖角、泳池吸管及吸杆摆放位置不适当、冲凉房易滑地面、喷淋头牢固性、冲凉房灯罩松脱。

（5）使用人员需要有健康证、泳池按规范配置浸脚池、喷洒装置、四周封闭。

（6）严禁跳水、追打、深水区与浅水区、水深、救生圈、救生杆、救生员比例、救生员的瞭望台设置能有效观察泳池情况。

六、治安类危险源清单

治安类的危险源主要如表10-4所示。

表10-4　治安类危险源清单

序号	类别	危险源
1	入室盗窃	（1）作案人员（窃贼可能利用各种身份进行伪装）： ·住宅区内，租户；家政人员；装修人员；无业人员 ·住宅区外，废品收购人员；维修人员；访客 （2）作案工具：扳手；钳子；铁棍或无作案工具 （3）作案方式：踩点；潜伏；实施；潜逃 （4）作案时间：家中无人；夜晚睡觉 （5）盗窃物品：现金、首饰等贵重物品；家具、电器 （6）安全死角： ·房屋本体，屋面；阳台；窗台；空调架；空置房 ·公共区域，管道井；乔灌木树丛；消防通道；设备机房
2	公共设施盗窃	（1）作案人员：装修；废品收购；假冒身份 （2）作案方式：踩点；实施；潜逃 （3）盗窃物品： ·公共设施，金属器件；电器、配件；小型雕塑；名贵花草 ·他人物品，晾晒衣物；临时放置的物品
3	抢劫	（1）作案人员：无业人员；假冒身份人员 （2）作案方式：踩点；实施；潜逃 （3）作案工具：摩托车或无作案工具 （4）治安死角：偏僻路口；道路；室内
4	肢体冲突	（1）其他人员和护卫员肢体冲突 （2）其他人员之间肢体冲突

第二节　危险源的辨识

要对危险源进行控制，必须首先对物业服务企业及下属项目的危险源进行辨识。

一、确定危险源辨识时机

当图10-1所列情况发生时，应立即对危险源进行识别。

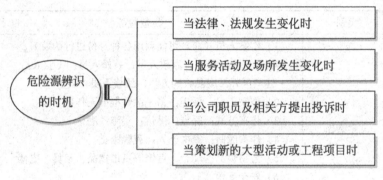

图10-1　危险源辨识的时机

二、危险源辨识应考虑的因素

危险源的辨识应考虑以下方面：

（1）所有活动中存在的危险源。包括物业服务企业各部门和管理处管理和工作过程中所有人员的活动、外来人员的活动；常规活动（如正常的工作活动等）、异常情况下的活动和紧急状况下的活动（如火灾等）。

（2）物业服务企业各部门和管理处所有工作场所的设施设备（包括外部提供的）中存在危险源，如建筑物、车辆等。

（3）物业服务企业各部门和管理处所有采购、使用、储存、报废的物资（包括管理处外部提供的）中存在危险源，如食品、办公用品、生活物品等。

（4）各种工作环境因素带来的影响，如高温、低温、照明等。

（5）识别危险源时要考虑六种典型危害、三种时态和三种状态，如表10-5～表10-7所示。

表10-5　六种典型危害

序号	危害类别	具体说明
1	化学危害	各种有毒有害化学品的挥发、泄漏所造成的人员伤害、火灾等
2	物理危害	造成人体辐射损伤、冻伤、烧伤、中毒等
3	机械危害	造成人体砸伤、压伤、倒塌压埋伤、割伤、刺伤、擦伤、扭伤、冲击伤、切断伤等
4	电器危害	设备设施安全装置缺乏或损坏造成的火灾、人员触电、设备损害等
5	人体工程危害	不适宜的作业方式、作息时间、作业环境等引起的人体过度疲劳危害
6	生物危害	病毒、有害细菌、真菌等造成的发病感染

表10-6　三种时态

序号	时态类别	具体说明
1	过去	作业活动或设备等过去的安全控制状态及发生过的人体伤害事故
2	现在	作业活动或设备等现在的安全控制状况
3	将来	作业活动发生变化、系统或设备等在发生改进、报废后将会产生的危险因素

表10-7　三种状态

序号	状态类别	具体说明
1	正常	作业活动或设备等按其工作任务连续长时间进行工作的状态
2	异常	作业活动或设备等周期性或临时性进行工作的状态，如设备的开启、停止、检修等状态
3	紧急情况	发生火灾、水灾、交通事故等状态

三、选择危险源辨识的方法

危险源辨识的方法主要有表10-8所示的几种。

表10-8　危险源辨识的方法

序号	辨识方法	具体说明
1	询问、交谈	在企业中，有丰富工作经验的老员工，往往能指出其工作中的危害。从指出的危害中，可初步分析出工作中所存在一类、二类危险源
2	问卷调查	问卷调查是通过事先准备好的一系列问题，通过到现场察看及与作业人员交流沟通的方式，来获取职业健康安全危险源的信息
3	现场观察	通过对作业环境的现场观察，可发现存在的危险源。从事现场观察的人员，要求具有安全技术知识并掌握了职业健康安全法规、标准
4	查阅有关记录	查阅企业的事故、职业病的相关记录，可从中发现存在的危险源
5	获取外部信息	从有关类似组织、文献资料、专家咨询等方面获取有关危险源信息，加以分析研究，可辨识出组织存在的危险源
6	工作任务分析	通过分析组织成员工作任务中所涉及的危害，可以对危险源进行识别
7	安全检查表	运用已编制好的安全检查表，对组织进行系统的安全检查，可辨识出存在的危险源
8	危险与可操作性研究	这是一种对工艺过程中的危险源实行严格审查和控制的技术。它是通过指导语句和标准格式寻找工艺偏差，以辨识系统存在的危险源，并确定控制危险源风险的对策
9	事件树分析	这是一种从初始原因事件起，分析各环节事件"成功（正常）"或"失败（失效）"的发展变化过程，并预测各种可能结果的方法，即时序逻辑分析判断方法。应用这种方法对系统各环节事件进行分析，可辨识出系统的危险源
10	故障树分析	这是一种根据系统可能发生的或已经发生的事故结果，去寻找与事故发生有关的原因和规律。通过这样一个过程分析，可辨识出系统中导致事故的有关危险源

上述各种方法有着各自的优缺点，物业服务企业在辨识危险源时应采用其中的一种或多种方法。

四、危险源辨识的步骤

进行危险源辨识时，应注意如表10-9所示步骤。

表10-9　危险源辨识的步骤

序号	辨识步骤	具体说明
1	确定危险、危害因素的分布	对各种危险、危害因素进行归纳总结，确定企业中有哪些危险、危害因素及其分布状况等综合资料
2	确定危险、危害因素的内容	为了便于危险、危害因素的分析，防止遗漏，宜按厂址、平面布局、建（构）筑物、物质、生产工艺及设备、辅助生产设施（包括公用工程）、作业环境危险几部分，分别分析其存在的危险、危害因素，列表登记
3	确定伤害（危害）方式	伤害（危害）方式指对人体造成伤害、对人体健康造成损坏的方式。例如，机械伤害（危害）的挤压、咬合、碰撞、剪切等，中毒的靶器官、生理功能异常、生理结构损伤形式（如黏膜糜烂、植物神经紊乱、窒息等），粉尘在肺泡内阻留、肺组织纤维化、肺组织癌变等
4	确定伤害（危害）途径和范围	大部分危险、危害因素是通过人体直接接触造成伤害。如爆炸是通过冲击波、火焰、飞溅物体在一定空间范围内造成伤害；毒物是通过直接接触（呼吸道、食道、皮肤黏膜等）或一定区域内通过呼吸带的空气作用于人体；噪声是通过一定距离的空气损伤听觉的
5	确定主要危险、危害因素	对导致事故发生的直接原因、诱导原因进行重点分析，从而为确定评价目标、评价重点、划分评价单元、选择评价方法和采取控制措施计划提供基础
6	确定重大危险、危害因素	分析时要防止遗漏，特别是对可能导致重大事故的危险、危害因素要给予特别的关注，不得忽略。不仅要分析正常生产运转、操作时的危险、危害因素，更重要的是要分析设备、装置破坏及操作失误可能产生严重后果的危险、危害因素

五、危险源的汇总登记

经过危险源辨识后，得到大量的危险源信息。对这些信息登记整理和归档保存是一项非常重要的工作。

为对危险源实行有效管理，可以使用两种汇总方法：一种是按危险源分类，如物理性危险，化学性危险等；另一种是按产生问题的部门或过程归类，如机电维修部、秩序维护部、管理处、人事行政部等。

这两种汇总方法各有特点，互有优劣，应将两者结合使用，如果按第一种归类，则表中应指出危险源在什么部门或过程中；如果按第二种归类，则应指出职业健康安全危险源类别。

六、危险源评价

1.评价的方法

（1）工作条件危害性评价法。用与系统危险性有关的三个因素指标之积来评价作业条件的危险性，危险性以下式表示：

$$D（危险性）=LEC$$

式中：L指发生事故的可能性大小，其判别标准如表10-10所示。

表10-10　发生事故的可能性大小（L）

分数值	事故发生的可能性
10	完全可以预料
6	相当可能
3	可能，但不经常
1	可能性小，完全意外
0.5	很不可能，可以设想
0.2	极不可能
0.1	实际不可能

E指人体暴露在这种危险环境中的频繁程度，其判定标准如表10-11所示。

表10-11 人体暴露在这种危险环境中的频繁程度（E）

分数值	暴露于危险环境的频繁程度
10	连续暴露
6	每天工作时间内暴露
3	每周一次或偶然暴露
2	每月一次暴露
1	每年几次暴露
0.5	非常罕见暴露

C指一旦发生事故会造成的后果，其判别标准如表10-12所示。

表10-12 发生事故产生的后果（C）

分数值	发生事故产生的后果
100	10人以上死亡/直接经济损失100万～300万元
40	3～9人死亡/直接经济损失30万～100万元
15	1～2人死亡/直接经济损失10万～30万元
7	伤残/经济损失1万～10万元
3	重伤/经济损失1万元以下
1	轻伤（损失1～105工作日的失能伤害）

根据公式就可以计算作业的危险性程度。根据有限公司情况，D值等于或大于70分值以上的中度风险、高度风险和重度风险统称为重要危险；D值小于70分值的低度风险和较小风险统称为一般危险，如表10-13所示。

表10-13 风险性分值（D）

D值	危险程度	风险等级
＞320	极其危险，不能继续作业	重度风险
160～320	高度危险，要立即整改	高度风险

续表

D值	危险程度	风险等级
70～160	显著危险，需整改	中度风险
20～70	一般危险，需注意	低度风险
＜20	稍有危险，可以接受	较小风险

（2）直接判断法。凡符合图10-2所示条件之一的危险源均应判定为重要危险源。

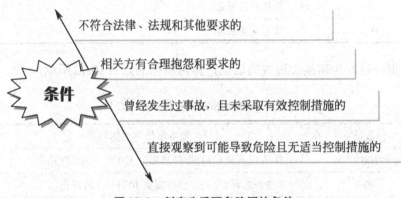

图10-2　判定为重要危险源的条件

条件
- 不符合法律、法规和其他要求的
- 相关方有合理抱怨和要求的
- 曾经发生过事故，且未采取有效控制措施的
- 直接观察到可能导致危险且无适当控制措施的

（3）矩阵法。矩阵法的应用如表10-14所示。

表10-14　矩阵法

可能性	后果		
	轻微伤害	伤害	严重伤害
极不可能	可忽略风险	可容许风险	中度风险
不可能	可容许风险	中度风险	重大风险
可能	中度风险	重大风险	不可容许风险

2. 综合评价结果

运用下表的危险源辨识调查评价表开展评价，当健康安全危险源评价满足下列条件之一，则被确定为主要危险源，并加以控制：

（1）违反法律法规或其他要求。

（2）危险源评价综合得分（LEC）高于70分的危险源，如表10-15所示。

表10-15 危险源辨识调查评价表

部门／单位：

序号	场所/设备设施/活动	危险源	可能的损害	现有控制措施/制度	风险评估（任选一种方法）					危险级别
					矩阵法	打分法				
						L	E	C	D	

第三节　危险源的控制

对危险源的控制有技术控制、人行为控制和管理控制三种方法。

一、技术控制

技术控制是指采用技术措施对危险源进行控制，主要技术有消除、控制、防护、隔离、监控、保留和转移等。

二、人行为控制

人行为控制是指控制人为失误，减少人不正确行为对危险源的触发作用。

1.人为失误的主要表现形式

（1）操作失误。

（2）指挥错误。

（3）不正确的判断或缺乏判断。

（4）粗心大意、厌烦、懒散、疲劳、紧张、疾病或生理缺陷。

（5）错误使用防护用品和防护装置等。

2.人行为的控制措施

（1）加强教育培训，做到人的安全化。

（2）应做到操作安全化。

三、管理控制

对危险源实行管理控制，可以采取以下措施。

1.建立健全危险源管理的规章制度

危险源确定后，在对其进行系统分析的基础上建立健全各项规章制度，包括岗位安全生产责任制、危险源重点控制实施细则、安全操作规程、操作人员培训考核制度、日常管理制度、交接班制度、检查制度、信息反馈制度、危险作业审批制度、异常情况应急措施和考核奖惩制度等。

2.明确责任、定期检查

物业服务企业应根据各危险源的等级，确定好责任人，明确他的责任和工作。特别是要明确各级危险源的定期检查责任。除了作业人员必须每天自查外，还要规定各级领导定期参加检查。对于重点危险源，应做到公司总经理等高层领导半年检查一次，部门经理月查，主管周查，班组长日查。对于普通的危险源也应制订出详细的检查安排计划。

对危险源的检查要对照检查表逐条逐项，按规定的方法和标准进行检查，并进行详细的记录。如果发现隐患则应按信息反馈制度及时反馈，并及时消除，确保安全生产。如果没有按要求检查而导致事故发生的，应依法追究其责任。规定各级领导人参加定期检查，有助于增强他们的安全责任感，体现管生产必须管安全的原则，也有助于重大事故隐患的及时发现和得到解决，如表10-16所示。

表10-16 危险源调查表

部门：

序号	活动/工序/部位	危险源	可能导致的事故	时态/状态	涉及相关方	现有控制措施	备注

专职安全技术人员要对各级人员实行检查的情况定期检查、监督并严格考评，以实现管理的封闭。

3.搞好危险源控制管理的基础建设工作

危险源控制管理的基础工作除建立健全各项规章制度外，还应建立健全危险源的安全档案和设置安全标志牌。

（1）应按安全档案管理的有关内容要求建立危险源的档案，并指定由专人保管，定期整理。

（2）应在危险源的显著位置悬挂安全标志牌，标明危险等级，注明负责人员，按照国家标准的安全标志表明主要危险，并扼要注明防范措施。

4.加强危险源的日常管理

要严格要求作业人员贯彻执行有关危险源日常管理的规章制度。

（1）搞好安全值班和交接班，按安全操作规程进行操作。

（2）按安全检查表进行日常安全检查；危险作业经过审批等。

（3）所有活动均应按要求认真做好记录。

（4）领导和安全技术部门定期进行严格检查考核，发现问题，及时给予指导教育，根据检查考核情况进行奖惩。

5.抓好信息反馈、及时整改隐患

要建立健全危险源信息反馈系统，制定信息反馈制度并严格贯彻实施。

（1）对检查发现的事故隐患，应根据其性质和严重程度，按照规定分级实行信息反馈和整改，做好记录，发现重大隐患应立即向安全技术部门和行政第一领导报告。

（2）信息反馈和整改的责任应落实到人。对信息反馈和隐患整改的情况各级领导和安全技术部门要进行定期考核和奖惩。

（3）安全技术部门要定期收集、处理信息，及时提供给各级领导研究决策，不断改进危险源的控制管理工作。

6.搞好危险源控制管理的考核评价和奖惩

应对危险源控制管理的各方面工作制定考核标准，并力求量化，划分等级。定期严格考核评价，给予奖惩并与班组升级和评先进结合起来。逐年提高要求，促使危险源控制管理的水平不断提高。

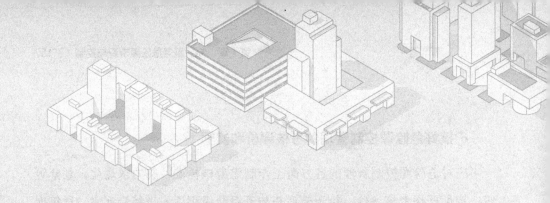

第十一章
Chapter eleven | 物业应急预案的编制与实施

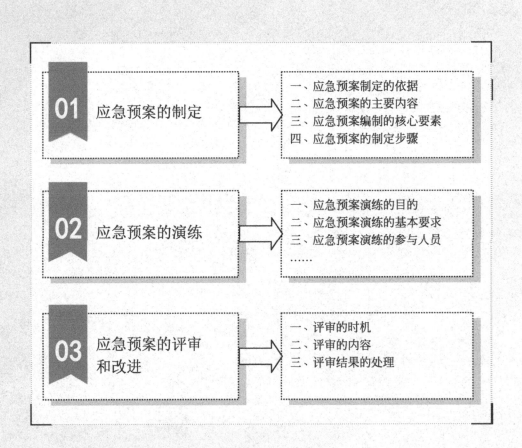

01 应急预案的制定

- 一、应急预案制定的依据
- 二、应急预案的主要内容
- 三、应急预案编制的核心要素
- 四、应急预案的制定步骤

02 应急预案的演练

- 一、应急预案演练的目的
- 二、应急预案演练的基本要求
- 三、应急预案演练的参与人员
- ……

03 应急预案的评审和改进

- 一、评审的时机
- 二、评审的内容
- 三、评审结果的处理

第一节 应急预案的制定

物业安全应急预案，是指为了保障物业管理人员在执行各种服务过程中，能够快速有效地应对各种突发案件、事件、事故和其他紧急情况而制定的方案。

一、应急预案制定的依据

1.法律依据

（1）国家有关物业安全管理工作的法规、规章等规范性文件。

（2）保安服务公司与物业管理服务公司签订的保安合同。

（3）物业管理处制定的各种安全管理制度和安全操作规程等。

2.防范性条件

（1）实践证明已经发生的案件、事件、事故，只要具备某些因素、条件就可能再次发生。

（2）随着社会矛盾特别是利益矛盾多元化、交织、复杂和易于激化等特点，可能发生具有新的特征的案件、事件、事故。

二、应急预案的主要内容

物业安全应急预案要全面地考虑不同业主（用户）所具有的不同情况等特定条件下，可能发生的各种案件、事件、事故和其他紧急情况。如体育场馆易发生因比赛引发的球迷闹事、观众斗殴和拥挤伤亡事故等，商场、超市、影剧院等封闭式公共场所容易受到爆炸、投毒等暴力恐怖活动的威胁和危害。因此，尽管物业安全应急预案的规格、模式相同，但要有相应的针对性，能够周密地制定出符合某个业主（用户）具体情况的处置方法及措施。具体来说，预案可以包括以下几个方面的内容。

1.任务目的

应急预案是一种实践性、应用性和操作性都很强的实战型预案，因此必须有明确具体的任务或目的。这也是预案制定的出发点和归宿。值得注意的是，在实施大规模、多投入的保安勤务中，还可以在制定总预案基础上制定若干分预案，以保证任务目的能顺利完成。

2.指导思想

物业安全应急预案的指导思想包括如图11-1所示三方面内容。

内容一	确保业主（用户）单位和业主（用户）单位主办、承办、协办的活动安全进行
内容二	强调快速、有效的原则，但不能光有速度没有效率，也不能太慢
内容三	对任何紧急情况的处置都属于初期处置，要由警方进行最终处置。这是由于保安服务处置职责权限的有限性所决定的

图 11-1　物业安全应急预案的指导思想

3.处置范围

物业安全应急预案的处置范围应当包括如图11-2所示情况。

情况一	实施保安勤务时可能遇到的一切紧急情况
情况二	应对自然灾害的预案
情况三	确定一些重点应对的紧急情况，如旅游景点场所就应包括紧急应对旅客被困、意外摔伤等的处置

图 11-2　物业安全应急预案的处置范围

4.组织指挥与分工

应急处置都带有紧急作战的特点，因此，应急处置中的组织指挥与分工，更能体现人在预案实施时的重要作用。

（1）应急指挥部。应根据高度统一、分层组织实施的原则，建立应急指挥部，对范围广、人员多的或业主（用户）举办的大型、超大型活动，还可在指挥部下设若干分指挥部；配属警方指挥或与警方合作实施的保安勤务，也可与警方合设指挥部；指挥部应设指挥、副指挥和相关工作人员，实行协调合作。

（2）任务分工。任务分工是从纵向与横向两方面展开的。纵向包括指挥部与分指挥、作战分队、小组的分工，职、责、权明确、到位；横向包括实施预案时在紧急处置中的任务分工，如迅速报警、指挥调度、通信联络、信息沟通、控制现场、现场警戒、防爆防毒等初期处置、保全证据、疏散人员、救护伤者、发现可疑人物、引导警方人员进入现场并介绍情况和提供帮助等。

组织指挥与分工的流畅运作，就是将纵向与横向两方面很好地结合起来。此外，组织指挥与分工还必须考虑机动力量的安排和公开着装与便装的搭配等特殊问题。总之，要系统完善地做好各项工作，组织分工要周密，任务要明确，人人有事做，事事有人管，堵住各种管理漏洞。

5.应急措施

应急预案一般包括以下应急措施：

（1）核实情况，迅速报警。

（2）封锁现场。

（3）控制现场，划定警戒范围并担任警戒。

（4）采取灭火、防爆、防毒等初期处置措施。

（5）通过宣传、疏导等方法有序疏散无关人员。

（6）保全证据和留置有关人员。

（7）向警方汇报现场工作情况。

（8）抓获扭送有违法或犯罪嫌疑的人员。

（9）抢救现场伤者，报告紧急救护中心。

（10）搜索、发现可疑的人员和物品。

（11）向到达现场的警方人员介绍情况、提供线索。

（12）为进行现场处置的警方人员提供各种帮助。

以上各项措施内在有紧密的关系，又必须相互运用，必要时可以同步实施，以取得良好的效果。

6.注意事项

在应急处置过程中，要求参与处置的人员必须注意和做到以下事项的工作：

（1）依法处置。例如，不能利用抓住小偷的机会暴打小偷，造成伤亡后果的要承担刑事责任。

（2）高度负责，分工协作。既要认真负责完成自己分工的任务，还要随时为他人提供协助和支援。

（3）严格遵守请示、报告、续报等制度。遇到处理不了的事，立即请示上级，并随时向上级报告自己的工作情况，重要情况要连续不断地报告。

（4）服从命令，听从指挥。

（5）保护群众合法权益，不要因为应急处置而侵犯群众合法权益。

（6）在应急处置中注意保护自身安全，必要时应当实施正当防卫。

（7）其他注意事项，应根据预案内容适当增加。

三、应急预案编制的核心要素

在编制物业安全应急预案时，应注重的是预案应包括哪些内容，才能适应应急活动的需要。因为应急预案是整个应急管理工作的具体反映，它的内容不仅限于事故发生过程中的应急响应和救援措施，还应包括事故发生前的各种应急准备和事故发生后的现场恢复，以及预案的管理与更新等。因此，完整物业安全的应急预案编制应包括六个一级关键要素。

1.方针与原则

不管是哪种应急救援体系，都必须有明确的方针和原则作为开展应急救援工作的纲领。方针与原则反映了应急救援工作的优先方向、政策、范围和总体目标，应急的策划和准备、应急策略的制定和现场应急救援及恢复，都应当围绕方针和原则开展。

事故应急救援以预防为主，贯彻统一指挥、分级负责、区域为主、单位自救和社会救援相结合的原则。在事故应急救援中，预防工作是基础，除了要做好平时的事故预防工作，减少事故发生的可能性外，还要落实好救援工作的各项准备措施，充分做好各项准备工作，万一出现事故就能及时实施救援。

2.应急策划

应急预案最重要的特点是要有针对性和可操作性。在制定应急预案时，必须明确预案的对象和可用的应急资源情况，即在全面系统地认识和评价所针对的潜在事故类型的基础上，识别出重要的潜在事故及其性质、区域、分布及事故后果。同时，根据危险分析的结果，分析评估现有的应急救援力量和资源情况，为所需的应急资源准备提供建设性意见。在进行应急策划时，应当列出国家、地方相关的法律、法规，作为制定预案和应急工作授权的依据。

3.应急准备

对于发生可能性较大的应急事件，应做好充分的准备工作。能否成功地在应急救援中发挥作用，取决于应急准备是否充分。应急准备基于应急策划的部署，明确所需的应急组织及其职责权限、应急队伍的建设和人员培训、应急物资的准备、预案的演习、公众的应急知识培训和签订必要的互助协议等。

4.应急响应

物业管理服务公司应急响应能力的体现，包括需要明确并实施在应急救援过程中的核心功能和任务。这些核心功能既相互独立，又互相联系，构成应急响应的有机整体，共同达到应急救援目的。

应急响应的核心功能和任务包括：接警与通知、指挥与控制、报警和紧急公告、通信、事态监测与评估、警戒与治安、人群疏散与安置、医疗与卫生、公共关系、应急人员安全、消防和抢险、泄漏物控制等。

根据企业风险性质的不同，需要的核心应急功能也可有一些差异。

5.现场恢复

现场恢复是事故发生后期的处理，如泄漏物的污染处理、伤员的救助、后期的保险索赔和生产秩序的恢复等一系列问题。

6.预案管理与评审改进

应急预案管理与评审改进强调在事故后（或演练后）对预案不符合和不适宜的部分进行不断的修改和完善，使其更加适宜于现实应急工作的需要。但预案的修改和更新，要有一定的程序和相关评审指标。

四、应急预案的制定步骤

1.撰写预案

撰写预案要确定具体的工作目标和阶段性工作时间表，制定工作任务清单，落实到具体的人员和时间。根据情况分析，确定解决问题的资源和存在的问题；确定预案总体和各章节的最佳结构；将预案按章节分配给每一位编写组成员，并制定各项具体工作的时间进度表。

2.与外部机构协调一致

应急预案制定过程中要会见地方政府和社区机构人员。将企业已经开始制定应急预案的情况通知相关的地方政府部门。如果政府有具体要求，应将政府的要求纳入企业应急程序。同时，他们的建议和信息也会非常有益。

确定需要与外部机构沟通的内容，包括：企业应急响应的通道，向谁汇报、如何汇报，企业如何与外部机构和人员沟通，应急响应活动的负责人，在紧急情况下，哪些权力部门应该进入现场等。

3.评审、培训和修订

将第一稿发放给各编写组成员审校，必要时修订。在第二次审校时，开展桌面推演，人员包括企业管理人员和应急管理人员。在一间会议室内设计一个事故场景，参与人员讨论各自的职责，针对事故场景做出反应。充分讨论之后，找出并修订交代不清或重复的内容。

4.批准和发布

经会议讨论后，向企业最高领导和高层管理人员汇报，经批准后发布应急预案。将应急预案装订好并逐一编号，发放并签收。注意应急响应核心人员家中应备份应急预案。

第二节　应急预案的演练

为适应突发事故应急救援的需要，必须定期有计划地通过演练，来加强应急指挥部及各成员之间的协同配合，从而提高应对突发事故的组织指挥、快速响应及处置能力，营造安全稳定的氛围。

一、应急预案演练的目的

应急预案演练有五大目的，如表11-1所示。

表11-1 应急预案演练的目的

序号	演练目的	具体说明
1	检验预案	通过开展应急演练，查找应急预案中存在的问题，进而完善应急预案，提高应急预案的可用性和可操作性
2	完善准备	通过开展应急演练，检查应对突发事件所需应急队伍、物资、装备、技术等方面的准备情况，发现不足及时予以调整补充，做好应急准备工作
3	锻炼队伍	通过开展应急演练，增强演练组织单位、参与单位和人员对应急预案的熟悉程序，提高其应急处置能力
4	磨合机制	通过开展应急演练，进一步明确相关单位和人员的职责任务，完善应急机制
5	科普宣传	通过开展应急演练，普及应急知识，提高职工风险防范意识和应对突发事故时自救互救的能力

二、应急预案演练的基本要求

应急预案演练的基本要求如表11-2所示。

表11-2 应急预案演练的基本要求

序号	演练要求	具体说明
1	结合实际，合理定位	紧密结合应急管理工作实际，明确演练目的，根据资源条件确定演练方式和规模
2	着眼实战，讲求实效	以提高应急指挥人员的指挥协调能力、应急队伍的实战能力为着重点，重视对演练效果及组织工作的评估，总结推广好经验，及时整改存在的问题

续表

序号	演练要求	具体说明
3	精心组织，确保安全	围绕演练目的，精心策划演练内容，周密组织演练活动，严格遵守相关安全措施，确保演练参与人员及演练装备设施的安全
4	应急演练方案要审核	各单位要制定出应急演练方案交安全部审核，演练方案应包括演练单位、时间、地点、演练步骤等
5	演练完成后要评估	预案演练完成后应对此次演练内容进行评估，填写应急预案评审记录表和应急预案演练登记表后交秩序维护部备案

三、应急预案演练的参与人员

演练的参与人员包括参演人员、控制人员、模拟人员、评价人员、观摩人员等，各自的任务如表11-3所示。

表11-3　演练参与人员的任务

序号	参与人员	参与任务
1	参演人员	承担具体任务，对演练情景或模拟事件作出真实情景响应行动的人员，具体任务： （1）救助伤员或被困人员 （2）保护财产或公众健康 （3）使用并管理各类应急资源 （4）与其他应急人员协同处理重大事故或紧急事件
2	控制人员	即控制演练时间进度的人员，具体任务： （1）确保演练项目得到充分进行，以利评价 （2）确保演练任务量和挑战性 （3）确保演练进度 （4）解答参演人员的疑难和问题 （5）保障演练过程的安全

序号	参与人员	参与任务
3	模拟人员	扮演、代替某些应急组织和服务部门，或模拟紧急事件、事态发展中受影响的人员，具体任务： （1）扮演、替代与应急指挥中心、现场应急指挥相互作用的机构或服务部门 （2）模拟事故的发生过程（如释放烟雾、模拟气象条件、模拟泄漏等） （3）模拟受害或受影响人员
4	评价人员	负责观察演练进展情况并予以记录的人员，具体任务： （1）观察参演人员的应急行动，并记录观察结果 （2）协助控制参演人员以确保演练计划的进行
5	观摩人员	来自有关部门、外部机构以及旁观演练过程的观众

四、制订应急预案的演练计划

1.全年整体演练计划

为了确保全年的应急预案的演练有计划地进行，需分析物业项目的应急预案，并制订出年度演练计划，使演练工作在不影响正常工作的前提下有序地进行。

年度应急预案演练计划的内容包括应急预案名称、计划演练时间、演练方式、演练目的、组织部门、配合部门、应急物资准备等。

下面提供一份××物业服务企业制订的年度应急预案演练计划的范本，仅供参考。

范本

20×年度应急预案演练计划

序号	应急预案名称	计划演练时间	演练方式	演练目的	组织部门	配合部门	应急物资准备
1	消防应急预案	2月	实战演练	扑灭初级火灾，掌握消防器材使用	机电维修部	机关各部室及各项目部	25千克、8千克干粉灭火器各4个、25千克二氧化碳灭火器2个；消防桶20个，消防钩2个
2	意外伤害应急预案	3月	部分实战演练	熟悉救援接程序，培训紧急救护知识	机电维修部	各项目部	氧气袋2个，面纱等外伤急救药品和中暑急救药品若干
3	集体食物中毒应急预案	5月	桌面演练	熟悉紧急救护程序	机电维修部	各项目部	
4	突发性自然灾害应急预案	8月	桌面演练	熟悉地震、洪水、泥石流情况下撤离和自救程序	机电维修部	各项目部	担架2副，外伤急救药品若干
5	意外伤害应急预案	10月	部分实战演练	熟悉救援接程序，培训紧急救护知识	机电维修部	各项目部（针对临时雇用人员）	氧气袋2个，面纱等外伤急救药品和中暑急救药品若干
6	交通事故应急预案	12月	实战演练	紧急救助和报警	综合办公室	各项目部	急救箱2个

编制：×××　　　　批准：×××

2.专项演练计划（方案）

专项演练计划就是针对某一具体的应急预案的演练实施计划（方案）。内容包括演练目的、时间、地点、参演人员、演练项目、演练过程。以下为消防演练计划的模板，其他应急演练计划也可参照该模板来制作。

消防演练计划模板

消防应急演练计划

一、演练地点：

二、演练时间：

三、演练目的：

四、演习项目：

1.人员疏散

2.救护伤员

3.使用灭火器灭火

4.消防水带的连接

五、安全应急演练组织成员

1.应急演练总指挥：

2.应急演练副总指挥：

3.联络组：

组长：　　　　　　　　组员：

4.消防突击组：

组长：　　　　　　　　组员：

5.疏散组：

组长：　　　　　　　　组员：

6.救护组：

组长：　　　　　　　　组员：

7.保卫组：

组长：　　　　　　　　组员：

8.后勤组：

组长：　　　　　　　　组员：

六、人员分工：

1.

2.

3.

```
4.
七、应急演练前准备工作和分工：
1.
2.
3.
4.
八、演习程序：
1.
2.
3.
4.
```

五、应急预案演练的实施

组织应急预案演练，一般须经过以下几个步骤。

1.应急预案演练方案的申请批准

物业管理服务公司或物业服务管理项目部，应提前一个月将应急预案演练方案计划上报业主委员会，经业主委员会批准后，向公安消防部门主管警官汇报、备案；同时，就应急预案演练方案向主管警官征询意见，并进行整改和修订。

2.应急预案演练实施的通知

在应急预案演练前两周，应向物业管理区域内的业主（用户）发出应急预案演练通知。在应急预案演练前两日，应在公共区域张贴告示，进一步提示业主（用户）关于应急预案演练事宜。

3.应急预案演练内容的分工

分工也就是说要对应急预案演练内容进行分工，落实到具体的部门或人员身上。

下面提供一份××物业管理处消防演练内容分工的范本，仅供参考。

📕 **范本**

××物业管理处消防演练内容的分工

序号	人员分工	工作内容
1	灭火总指挥	（1）向消防值班人员或其他相关人员了解火灾的基本情况 （2）命令消防值班人员启动相应消防设备 （3）命令物业服务企业员工根据各自分工迅速各就各位 （4）掌握火场扑救情况，命令灭火队采取适当方式灭火 （5）命令抢救队采取相应措施 （6）掌握消防相关系统运行情况，命令配合指挥采取相应措施；协助消防机关查明火因；处理火灾后的有关事宜
2	灭火副总指挥	负责在灭火总指挥不在现场时履行总指挥的职责；配合协同灭火总指挥的灭火工作；根据总指挥的意见下达命令
3	现场抢救队和运输队	负责抢救伤员和物品，本着先救人、后救物的原则，运送伤员到附近的医院进行救护，运输火场急需的灭火用品
4	外围秩序组	负责维护好火灾现场外围秩序，指挥疏散业户，保证消防通道畅通，保护好贵重物品
5	综合协调组	负责等候引导消防车，保持火灾现场、外围与指挥中心联络
6	现场灭火队	负责火灾现场灭火工作
7	现场设备组	负责火灾现场的灭火设备、工具正常使用和准备
8	机电、供水、通信组	负责确保应急电源供应、切断非消防供电、启动消防泵确保消防应急供水，确保消防电话和消防广播畅通、确保消防电梯正常运行；其他电梯返降一层停止使用；启动排烟送风系统，保持加压送风排烟

4.应急预案演练前的培训、宣传

对物业管理处全体员工进行关于应急预案演练方案培训，使各个部门的员工了解自己的工作范围、运行程序和注意事项。在演练前采用挂图、录像、板报、条幅等形式开展对业主（用户）的消防安全知识宣传，如图11-3所示。

图11-3　应急演练的宣传标语

5.做好演练设备、设施、器材等的准备

在应急预案演练前一周时间，各种设备、设施应进入准备状态。检查播放设备、电梯设备、供水设备、机电设备的运行状况；准备通信设备、预防意外发生的设备和器材；准备抢救设备工具和用品等。确保所有设备、器材处于良好状态，准备齐全，如图11-4所示。

图11-4　演练用灭火器

6.准备工作落实情况的检查

演习前3天，由演练总指挥带领相关负责人对应急预案演练准备工作进行最后综合检查，确保演练顺利进行，避免发生混乱。检查包括人员配备、责任考核、设备和器材准备、运输工具以及疏散路径等内容。

7.应急预案演练的实施

如表11-4所示为火灾应急预案演练的实施步骤。

表11-4　火灾应急预案演练的实施步骤

序号	实施步骤	具体说明
1	通知演练开始	开启广播通知业主（用户）应急预案演练开始，反复播放引导业主（用户）疏散
2	人员就位	灭火队各灭火小组开始行动，按分工计划展开灭火、疏散、抢救工作
3	进入状态	电梯停到一层，消防梯启动，所有消防设备进入灭火状态
4	消防灭火模拟演练	物业管理服务公司进行疏散演练；灭火器实喷演练；抛接水龙带演练；救护演练；模拟报警训练等。邀请业主（用户）观看或参加实际训练
5	通知演练结束	演习结束，用消防广播通知业主（用户）应急预案演练结束，电梯恢复正常，并感谢业主（用户）、宾客的参与支持
6	演练总结	应急预案演练结束后，要求各灭火小组对演练工作进行总结，要拜访业主（用户）或采取其他方式收集业主（用户）对应急预案演练的意见；找出存在的问题并进行讨论确定；改进演练方案和演练组织实施过程中的不合理之处

第三节　应急预案的评审和改进

一、评审的时机

企业的应急预案至少每年要评审一次。除了年度评审之外，在某些特定的时间也需要进行评审和修订，如每次培训和演习之后、紧急事故发生后，人员或职责发生变动之后、企业的布局和设施发生变化之后和政策及程序发生变化之后等。

二、评审的内容

评审时应注意以下问题：

（1）在对紧急情况分析时，发现应急预案潜在的问题和不足是否得到充分的重视。

（2）各应急管理和响应人员是否理解各自的职责。

（3）企业的风险有无变化。

（4）应急预案是否根据企业的布局和工艺变化而更新。

（5）企业的布置图和记录是否保持最新。

（6）新成员是否经过培训。

（7）企业的培训是否达到目的。

（8）预案中的人员姓名、头衔和电话是否正确。

（9）是否逐渐将应急管理融入企业的整体管理中。

（10）社区机构和组织在应急预案里面是否适当体现，他们是否参与了应急预案的评审。

三、评审结果的处理

1.不足项

不足项是指演练过程中观察或识别出的应急准备缺陷，可能导致在紧急事件发生时不能确保应急组织或应急救援体系能采取合理应对措施，以确保公众的安全与健康。

不足项应在规定的时间内予以纠正。可能导致不足项的要素如图11-5所示。

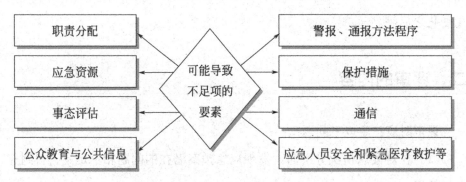

图11-5　可能导致不足项的要素

2.整改项

整改项是指演练过程中观察或识别出的，单独不可能在应急救援中对公众的安全与健康造成不良影响的缺陷。整改项应在下次演练前必须进行纠正。

如图11-6所示的整改项可列为不足项。

图11-6　可列为不足项的整改项

3.改进项

改进项是指应急准备过程中应予以改善的问题。改进项不会对人员安全与健康产生严重影响，可视情况改进，不必一定要求予以纠正。